Princípios e práticas da pedagogia empresarial

Martiele Cortes Borges
Giselly Santos Mendes
Joana Áurea Cordeiro Barbosa

Rua Clara Vendramin, 58 . Mossunguê
CEP 81200-170 . Curitiba . PR . Brasil
Fone: (41) 2106-4170
www.intersaberes.com
editora@intersaberes.com

Conselho editorial	Dr. Alexandre Coutinho Pagliarini
	Dr.ª Elena Godoy
	Dr. Neri dos Santos
	Dr. Ulf Gregor Baranow
Editora-chefe	Lindsay Azambuja
Gerente editorial	Ariadne Nunes Wenger
Assistente editorial	Daniela Viroli Pereira Pinto
Revisão de texto	Monique Francis Fagundes Gonçalves
	Letra & Língua Ltda. ME
Edição de texto	Tiago Krelling Marinaska
Capa	Sílvio Gabriel Spannenberg (*design*)
	Krakenimages.com/Shutterstock (imagem)
Projeto gráfico	Fernando Zanoni Szytko
Diagramação	Signus design
Equipe de *design*	Débora Gipiela
	Sílvio Gabriel Spannenberg
Iconografia	Regina Claudia Cruz Prestes

Dados Internacionais de Catalogação na Publicação (CIP)
(Câmara Brasileira do Livro, SP, Brasil)

Martiele Cortes Borges, Giselly Santos Mendes
  Princípios e práticas da pedagogia empresarial/Martiele Cortes Borges, Giselly Santos Mendes, Joana Áurea Cordeiro Barbosa. Curitiba: InterSaberes, 2022.

  Bibliografia.
  ISBN 978-65-5517-408-3

  1. Andragogia 2. Desenvolvimento profissional 3. Educação continuada 4. Educação corporativa 5. Educação inclusiva 6. Empresas 7. Prática pedagógica I. Barbosa, Joana Áurea Cordeiro. II. Título.

21-79984   CDD-658.3124

Índices para catálogo sistemático:
1. Pedagogia empresarial : Administração 658.3124

Cibele Maria Dias – Bibliotecária – CRB-8/9427

Foi feito o depósito legal.
1ª edição, 2022.

Informamos que é de inteira responsabilidade das autoras a emissão de conceitos.

Nenhuma parte desta publicação poderá ser reproduzida por qualquer meio ou forma sem a prévia autorização da Editora InterSaberes.
A violação dos direitos autorais é crime estabelecido na Lei n. 9.610/1998 e punido pelo art. 184 do Código Penal.

Sumário

13 *Apresentação*

---- 1 ----

16 **Trabalho e educação**
18 1.1 Relação entre educação e trabalho
23 1.2 Educação corporativa ou universidade corporativa
42 1.3 Efeitos da educação corporativa

---- 2 ----

46 **Andragogia**
47 2.1 Fundamentos da andragogia
59 2.2 Princípios básicos da andragogia
65 2.3 Aplicação da andragogia no ambiente corporativo

---- 3 ----

72 **Educação continuada**
73 3.1 Aspectos gerais da educação e a relação com o conhecimento
79 3.2 Educação continuada: conceito, importância e aplicação
85 3.3 Vantagens e desvantagens da educação continuada
89 3.4 Aplicação da educação continuada

---- 4 ----

100 **Interdisciplinaridade no ambiente corporativo**
101 4.1 Aspectos conceituais gerais sobre interdisciplinaridade no âmbito da educação
107 4.2 Tipos de interdisciplinaridade
116 4.3 Aplicação da interdisciplinaridade

---- 5 ----

130 **Educação permanente para os profissionais na área de saúde**
132 5.1 Aspectos conceituais gerais sobre educação no ambiente profissional

135   5.2 Aspectos gerais da educação permanente
138   5.3 Como aplicar medidas no sistema da educação permanente de saúde

6

156   **Educação inclusiva no sistema empresarial**
158   6.1 Conceito de educação inclusiva e formas de acessibilidade
166   6.2 Educação inclusiva no âmbito empresarial

185   *Para concluir...*
187   *Bibliografia comentada*
191   *Referências*
201   *Sobre as autoras*

Como aproveitar ao máximo este livro

Empregamos nesta obra recursos que visam enriquecer seu aprendizado, facilitar a compreensão dos conteúdos e tornar a leitura mais dinâmica. Conheça a seguir cada uma dessas ferramentas e saiba como estão distribuídas no decorrer deste livro para bem aproveitá-las.

Conteúdos do capítulo
Logo na abertura do capítulo, relacionamos os conteúdos que nele serão abordados.

Após o estudo deste capítulo, você será capaz de:
Antes de iniciarmos nossa abordagem, listamos as habilidades trabalhadas no capítulo e os conhecimentos que você assimilará no decorrer do texto.

Introdução do capítulo
Logo na abertura do capítulo, informamos os temas de estudo e os objetivos de aprendizagem que serão nele abrangidos, fazendo considerações preliminares sobre as temáticas em foco.

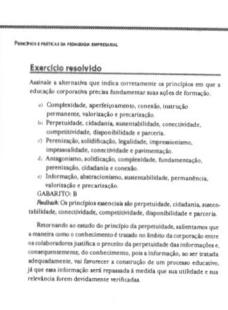

Exercícios resolvidos

Nesta seção, você acompanhará passo a passo a resolução de alguns problemas complexos que envolvem os assuntos trabalhados no capítulo.

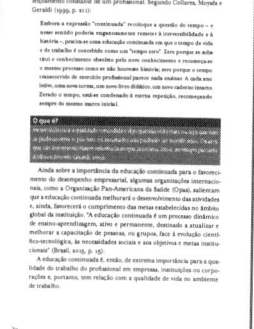

O que é?

Nesta seção, destacamos definições e conceitos elementares para a compreensão dos tópicos do capítulo.

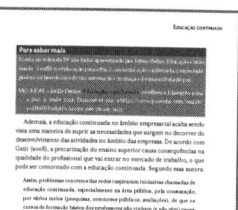

Para saber mais

Sugerimos a leitura de diferentes conteúdos digitais e impressos para que você aprofunde sua aprendizagem e siga buscando conhecimento.

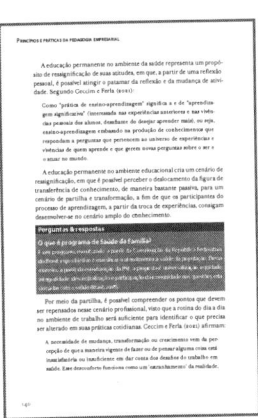

Perguntas & respostas
Nesta seção, respondemos a dúvidas frequentes relacionadas aos conteúdos do capítulo.

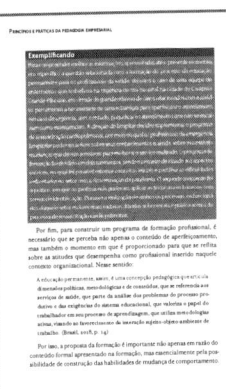

Exemplificando
Disponibilizamos, nesta seção, exemplos para ilustrar conceitos e operações descritos ao longo do capítulo a fim de demonstrar como as noções de análise podem ser aplicadas.

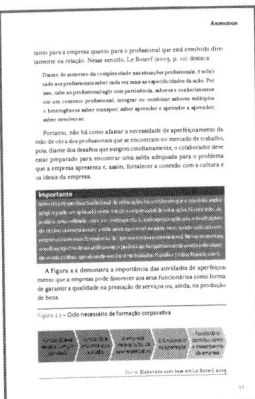

Importante!
Algumas das informações centrais para a compreensão da obra aparecem nesta seção. Aproveite para refletir sobre os conteúdos apresentados.

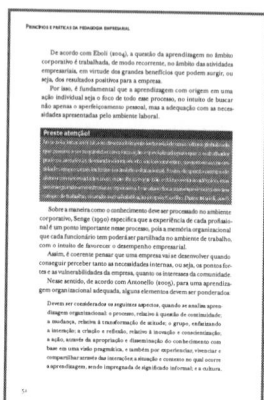

Preste atenção!
Apresentamos informações complementares a respeito do assunto que está sendo tratado.

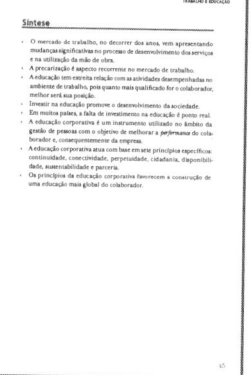

Síntese
Ao final de cada capítulo, relacionamos as principais informações nele abordadas a fim de que você avalie as conclusões a que chegou, confirmando-as ou redefinindo-as.

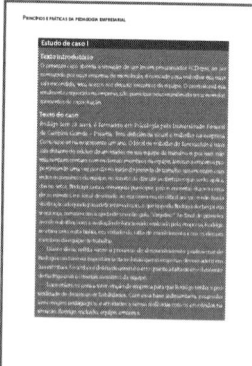

Estudo de caso
Nesta seção, relatamos situações reais ou fictícias que articulam a perspectiva teórica e o contexto prático da área de conhecimento ou do campo profissional em foco com o propósito de levá-lo a analisar tais problemáticas e a buscar soluções.

Bibliografia comentada

Nesta seção, comentamos algumas obras de referência para o estudo dos temas examinados ao longo do livro.

Apresentação

Planejar e desenvolver um livro consiste em um complexo processo de tomada de decisão. Por essa razão, toda obra representa um posicionamento ideológico e filosófico diante dos temas abordados. A escolha de incluir determinada perspectiva implica a exclusão de outros assuntos igualmente importantes, em decorrência da impossibilidade de dar conta de todas as ramificações que um tópico pode apresentar.

Concebendo o fazer ciência como um exercício essencialmente interdisciplinar, buscamos sustentação no diálogo em diferentes áreas do saber que oferecem subsídios ao ensino e à aprendizagem da pedagogia empresarial. Portanto, os seis capítulos que integram este livro reúnem contribuições da pedagogia, da educação, do desenvolvimento, da política, da sociologia, entre outros campos do conhecimento.

Tendo elucidado alguns aspectos do ponto de vista epistemológico, é necessário esclarecer que o estilo de escrita adotado é influenciado pelas diretrizes da redação acadêmica.

Quanto à abordagem, no Capítulo 1, expusemos as dimensões teórico-conceitual e histórica da andragogia, apresentando aspectos essenciais da relação direta que pode existir entre empresa, pedagogia e educação.

Nos Capítulos 2 e 3, tratamos dos aspectos da educação continuada (vantagens e desvantagens) e da possibilidade de aplicação de uma educação interdisciplinar no ambiente empresarial.

Já no Capítulo 4, analisamos aspectos importantes em torno da possibilidade de aplicação da educação interdisciplinar no ambiente empresarial, buscando descrever os fenômenos relacionados aos processos que ocorrem em empresas.

No Capítulo 5, evidenciamos a importância da aplicação de educação permanente no ambiente empresarial, como instrumento necessário para favorecer o desempenho dos funcionários e, consequentemente, os resultados que se deseja alcançar no ambiente concorrencial. Com pretensões essencialmente didático-pedagógicas, procuramos organizar um conjunto de conhecimentos relacionados à pedagogia empresarial a partir de uma medida permanente de formação acadêmica.

Por fim, no Capítulo 6, abordamos as questões relacionadas à educação inclusiva no ambiente empresarial e, para que fosse possível compreender essa dinâmica, destacamos, inicialmente, o que é a educação inclusiva, relacionando-a com os aspectos do âmbito empresarial. Discutimos, também, as vantagens de aplicar educação inclusiva e os desafios que podem surgir nesse processo.

Todavia, procuramos alternar momentos de maior ou menor rigor no tratamento e na exposição das informações. Incluímos seções e trechos dialógicos, nos quais almejamos nos aproximar dos leitores como em uma aula expositiva, simulando reações, dúvidas e inquietações de um contexto real de sala de aula. A respeito da estrutura da obra, importa frisar que os seis capítulos têm autonomia, uma vez que cada um contempla um subtemas específicos.

Contudo, as grandes seções do texto estão relacionadas entre si. A propósito, menções a passagens anteriores e posteriores são recorrentes. Buscamos estabelecer vínculos entre as partes do livro, de modo a facilitar a compreensão.

Distribuídos no texto, esses elementos possibilitam retornos para a revisão de conceitos e/ou saltos para a abordagem de temas de interesse específico. Em resumo, a leitura sequencial e linear da obra na íntegra, embora possível, não é obrigatória para o aproveitamento e a compreensão das informações aqui dispostas.

Os pensamentos divergente e convergente exigidos para a realização de tais tarefas, bem como as associações necessárias e a resolução de problemas, certamente tornam sua aprendizagem mais significativa.

Por fim, é preciso salientar que esta obra não é um método da pedagogia empresarial, tampouco um inventário de atividades ou um compêndio de práticas pedagógicas. Trata-se, por outro lado, da organização, com finalidades didáticas, de parte dos saberes concernentes à improvisação inserida no âmbito da pedagogia empresarial.

Diversos paradigmas teóricos foram contemplados, a fim de oferecer uma compreensão ampla a respeito da pedagogia empresarial. Estamos alinhados às perspectivas da andragogia, à educação continuada (suas vantagens e desvantagens), à possibilidade de aplicação de uma educação interdisciplinar no ambiente empresarial, aos aspectos da educação permanente e, por fim, às particularidades da educação inclusiva no ambiente empresarial.

Dessa maneira, buscamos valorizar a exploração da pedagogia empresarial em sua integralidade. Esperamos que este material contribua para a formação de pedagogos empresariais dispostos a atuar de maneira criativa e consciente nos mais diferentes contextos.

A vocês, estudantes, pesquisadores, professores e demais interessados no ensino da pedagogia, desejamos excelentes reflexões.

1 Trabalho e educação

Conteúdos do capítulo:

- Relação entre educação e trabalho.
- Características da educação corporativa.
- Função da educação corporativa.
- Princípios da educação corporativa.

Após o estudo deste capítulo, você será capaz de:

- relacionar educação e trabalho sob uma perspectiva corporativa;
- identificar a importância da educação corporativa;
- entender que a sustentabilidade e a competitividade são princípios importantes para a existência da corporação;
- compreender os princípios basilares da educação corporativa.

A educação é de extrema importância para qualquer setor da sociedade, e isso inclui as corporações, pois, mesmo que contratem pessoas que já tenham formação, não se pode ignorar a importância de uma formação contínua com o objetivo de se aperfeiçoar. Não há um profissional que é absolutamente completo e que não precise atualizar-se e aperfeiçoar-se.

Nesse sentido, destacamos que, nas corporações, com o objetivo de buscar o aperfeiçoamento de sua mão de obra (funcionários), é essencial apresentar medidas educacionais, visando tão somente ao melhoramento da prestação de serviços da empresa.

Existem vários instrumentos que podem facilitar o processo de aperfeiçoamento da empresa, e a educação corporativa é uma delas, pois visa, como mencionado anteriormente, o processo de busca de melhoramento de seus serviços. A educação corporativa é desenvolvida com base em métodos específicos aplicados pelos pedagogos empresariais. Dessa maneira, torna-se necessário destacar a grande importância que o profissional da pedagogia pode ter nos ambientes corporativos e, ainda, compreender que a educação pode funcionar para além do formato tradicional, ou seja, nas instituições de ensino.

Por meio do exercício da função do pedagogo ocorrerá o cumprimento dos princípios básicos no processo de aprendizagem nas corporações, quais sejam: sustentabilidade, que está relacionada diretamente com a capacidade interna de reduzir custos sem, portanto, prejudicar a competitividade, que é o princípio responsável pela atuação da empresa em relação ao concorrente.

Ainda como princípios basilares, observamos a necessidade de a informação se encontrar devidamente disseminada entre os colaboradores por meio de pontos de conexão e de a educação ser um processo contínuo de formação, não sendo interessante, portanto, encontrar-se estagnada.

Ainda no que se refere aos princípios, fazem parte do processo de educação corporativa a disponibilidade da informação e os aspectos relacionados com cidadania e parceria.

1.1 Relação entre educação e trabalho

Antes de ingressar nas informações próprias do capítulo, destacamos a necessidade de refletir um pouco sobre o que é *trabalho*. Alguns juristas da área trabalhista definem esse termo como a realização de uma atividade com o objetivo específico de auferir lucros.

A maneira como o exercício da atividade laboral será desempenhada dependerá do tipo de mão de obra de que a empresa ou o órgão contratante necessita, assim, o profissional deverá encaixar-se nas exigências do posto de trabalho, devendo, se for o caso, aperfeiçoar-se por meio de cursos oferecidos pela educação formal ou não formal, ou seja, aquele conhecimento que é realizado nas instituições de ensino (escolas e universidades) ou também pelas instituições que oferecem cursos de curta duração ou de aperfeiçoamento.

O desenvolvimento da atividade laboral se modifica a partir do momento em que a realidade social também muda e, portanto, não se pode destacar uma única maneira de realizar as atividades laborais. Entretanto, o que devemos destacar é a importância de permanecer qualificado, com o intuito de se manter colocado profissionalmente.

Ainda sobre o mercado de trabalho, enfatizamos que modificações significativas no decorrer do processo de evolução da sociedade civil ocorreram, visto que, à medida que se percebe um tipo de mudança na sociedade, vão se destacando aspectos que modificam a maneira como o trabalho é desenvolvido e, ainda, como as pessoas acabam se adaptando às exigências apresentadas pelo mercado.

Nesse aspecto, a educação se torna um meio necessário para que o profissional se mantenha em plena atividade, pois o mercado busca constantemente indivíduos capazes de exercer suas atribuições com qualidade técnica. Portanto, não há como dissociar o mercado de trabalho da importância da educação, pois não há como aceitar um profissional que desempenhe determinada função sem a qualificação necessária para isso. Assim, o conhecimento é condição indispensável para que qualquer profissional obtenha colocação profissional, e isso só vai ocorrer quando se identificar o processo educacional.

Entretanto, tendo a sociedade apresentado mudanças significativas no que se refere a comportamentos, estrutura econômica e, consequentemente, social, o mercado de trabalho reúne aspectos essenciais desse processo, ou seja, seu funcionamento dependerá, tão somente, do funcionamento geral da sociedade. Portanto, caso a sociedade apresente precarização na forma como o trabalho será desempenhado, os salários serão reduzidos, o desemprego poderá aumentar, afetando diretamente a segurança econômica, visto que o poder aquisitivo vai diminuir.

Destacamos que, no processo de precarização do trabalho, são observados aspectos minimamente injustos, uma vez que, mesmo com a desvalorização do profissional no mercado de trabalho, a exigência de padrões qualitativos do profissional não é colocada de lado, ou seja, o trabalhador precisa ser altamente qualificado mesmo que não seja igualmente valorizado. Nesse sentido, Segnini (2000, p. 73) destaca:

> A estrutura do mercado de trabalho também tem passado por mudanças: altas taxas de desemprego são acompanhadas da crescente insegurança e precariedade das novas formas de ocupação. A flexibilização da força de trabalho (contratos de tempo parcial, subcontratação, terceirização, etc.) inscreve-se no mesmo processo que articula o discurso por maiores níveis de escolaridade para os trabalhadores que permanecem empregados e ocupam postos de trabalho considerados essenciais para os processos produtivos nos quais se inserem.

A educação, portanto, tem estreita relação com a formação profissional que o indivíduo recebe, pois será por meio justamente da educação que o profissional vai adquirir informações importantes para o desenvolvimento da profissão que foi escolhida e, em seguida, ao final do curso, vai aplicar as informações no mercado de trabalho, favorecendo a concorrência das empresas.

Sobre a relevância do aperfeiçoamento da mão de obra do profissional e o impacto que pode ser observado na sociedade, vejamos o que analisa o Banco Mundial, ao estabelecer que o investimento da educação tem relação direta com o crescimento da sociedade de maneira integral:

> Detalhados estudos econométricos indicam que as taxas de investimentos e os graus iniciais de instrução constituem robustos fatores de previsão de

crescimento futuro. Se nada mais mudar, quanto mais instruídos forem os trabalhadores de um país, maiores serão suas possibilidades de absorver as tecnologias predominantes, e assim chegar a um crescimento rápido da produção. [...] O desenvolvimento econômico oferece aos participantes do mercado de trabalho oportunidades novas e em rápida mudança. (Banco Mundial, 1995, p. 26-35)

Exercício resolvido

O processo educacional é instrumento essencial na formação do indivíduo, pois favorece a construção de uma identidade funcional dessa pessoa no mercado de trabalho de modo que uma empresa tende a contratar funcionários com alta qualificação profissional, já que poderão dar um melhor suporte às atividades realizadas no âmbito da corporação. Assinale a alternativa que indica corretamente qual impacto uma mão de obra qualificada pode gerar no âmbito de uma corporação.

a) Mudança de hábitos na corporação e facilitação da concorrência.
b) Alienação da concorrência.
c) Não causa impacto, pois o que conta é a reputação da empresa.
d) Inércia da concorrência.
e) Desvalorização do profissional no mercado de trabalho.

GABARITO: A

Feedback: Detalhados estudos econométricos indicam que as taxas de investimentos e os graus iniciais de instrução constituem robustos fatores de previsão de crescimento futuro. Se nada mais mudar, quanto mais instruídos forem os trabalhadores de um país, maiores serão suas possibilidades de absorver as tecnologias predominantes e, assim, chegar a um crescimento rápido da produção, portanto, a mudança de hábitos é fundamental.

Mesmo sabendo que é importante investir em educação para se alcançar o desenvolvimento pleno de uma sociedade, ressaltamos que, em muitos países, a falta de investimento no plano educacional ainda é bastante significativa, de maneira que a sociedade não consegue se desenvolver plenamente, pois existe um descompasso entre o processo educacional e a atuação do profissional no mercado de trabalho. Nesse cenário, torna-se comum perceber a compreensão da educação como instrumento de formalização das desigualdades sociais, visto que é normal identificar no mercado de trabalho muitos profissionais que tiveram privilégios na formação inicial, que seria, portanto, uma pequena parcela da população (no caso do Brasil).

No sentido de compreender o referido processo como instrumento de formalização da exclusão social, Ferreira (2015, p. 98) destaca:

> Ao longo da história do nosso país, um olhar atento lançado aos registros documentais nos acerca a uma realidade na qual o ensino tem sido utilizado para manutenção de status e consequente exclusão social, atendendo a uma parcela ínfima da população, pertencente às classes sociais detentoras do poder econômico, legando a estes o acesso aos conhecimentos escolares como forma de beneficiá-los na teia social, facilitando-lhes o acesso e a manutenção dos melhores cargos e dos benefícios sociais. Por outro lado, tem aumentado a produção acerca das bases teóricas de EPT com ênfase nas práticas integradoras. Para elucidar o significado do EMI no contexto educacional brasileiro, deve-se resgatar, além da história, os conceitos para expressões que se tornaram quase que imperativas no âmbito desta discussão, como Politecnia, Omnilateralidade e Escola Unitária.

Portanto, no intuito de evitar situações em que ocorra exclusão social, destacamos a necessidade de desenvolvimento de uma educação mais completa, ou seja, que seja capaz de formar um profissional com capacidades integradas, que desempenhe uma função completa, como um cidadão capaz de contribuir para o desenvolvimento social como um todo. Nesse sentido, Gramsci (2006, p. 123) informa:

> Quando se trata de formação integrada, a educação geral se torna parte inseparável da educação profissional em todos os campos nos quais se dá a preparação para o trabalho, tanto nos processos produtivos e nos processos educativos, quanto na formação inicial, no ensino técnico, tecnológico ou superior. Significa que buscamos enfocar o trabalho como princípio educativo, no sentido de superar a dicotomia trabalho manual/trabalho intelectual, incorporar a dimensão intelectual ao trabalho produtivo e formar trabalhadores capazes de atuar como dirigentes e cidadãos.

Assim, observamos que o sistema educacional é influenciado diretamente por fatores externos, mas a busca pelo aperfeiçoamento não pode ser pausada, ou seja, as empresas (públicas ou privadas) devem buscar sempre maneiras de aplicar técnicas de aperfeiçoamento de seus profissionais, visto que quanto mais qualificados eles estiverem, melhor será o resultado para a empresa ou o órgão que tem aquele funcionário como colaborador.

Nesse sentido, compreendendo a importância da educação para o desenvolvimento das atividades laborais, é necessário entender como essa educação pode ser aplicada no cenário empresarial, pois parte-se do pressuposto de que a empresa é uma organização com fins lucrativos cujo objetivo é ofertar bens e serviços e, para que isso ocorra, estará preocupada em contratar profissionais com qualificação. Seria, portanto, aceitável pensar que uma empresa ou corporação contrataria alguém para depois investir em sua carreira?

A resposta não é tão complexa, pois uma forma de a empresa se manter competitiva é ter profissionais antenados com as modificações do mercado de trabalho e, em especial, da própria profissão. Por isso, oferecer oportunidades para que seus profissionais aperfeiçoem a mão de obra é algo significativamente positivo e, por isso, devem aplicar, sempre que necessário, medidas educacionais que venham favorecer a formação do profissional.

A educação corporativa é um mecanismo essencial para o processo de formação das pessoas e melhoramento dos resultados das organizações.

> Educação Corporativa é um sistema de formação de pessoas pautado pela gestão de pessoas com base em competências, devendo, portanto, instalar e desenvolver nos colaboradores internos e externos as competências consideradas críticas para a viabilização das estratégias de negócio, promovendo um processo de aprendizagem ativo e permanente, vinculado aos propósitos, valores, objetivos e metas empresariais. (Eboli, 2008, p. 9)

O que é?

Corporação é um termo bastante utilizado no âmbito da gestão de pessoas, cujo objetivo é estabelecer a compreensão sobre um agrupamento de pessoas, que possuem a mesma profissão, e que estão subordinadas ao mesmo conjunto de regas.

> Dessa maneira, percebe-se que é um agrupamento de profissionais na mesma área, que se organizam profissionalmente, para praticar suas funções profissionais e, portanto, encontram-se subordinados ao mesmo conjunto de regras (Eboli, 2008).

Ainda no que se refere a um processo importante para a realização da educação corporativa, informamos a necessidade de seguir princípios fundamentais desse processo, visto que será por meio desse conjunto de situações que surgirá um plano estratégico no âmbito da corporação, realizado com a qualidade necessária. Nesse sentido, Eboli (2004, p. 7) destaca:

> São os princípios que darão origem à elaboração de um plano estratégico consistente e de qualidade. Para que a estratégia vire uma realidade é necessário que sejam feitas escolhas organizacionais integradas sob o ponto de vista da cultura, estrutura, tecnologia, processos e modelo de gestão empresarial (em especial Modelo de Gestão de Pessoas por Competências), que favoreçam escolhas pessoais que transformem estes princípios em ações, práticas, hábitos e exercícios corporativos, que gerem um comportamento cotidiano nos colaboradores, coerente com a estratégia definida. Ou seja, as práticas são as escolhas organizacionais que propiciam transformar as escolhas estratégicas (competências empresariais) em escolhas pessoais (competências humanas).

Podemos inferir que a educação corporativa, os princípios corporativos e o desenvolvimento empresarial convergem para o mesmo ponto, ou seja, o bom desempenho da empresa. Dessa maneira, como veremos adiante, os princípios acabam por se tornar excelentes ferramentas para que a educação corporativa consiga contribuir para o desenvolvimento empresarial.

1.2 Educação corporativa ou universidade corporativa

Tendo compreendido que a educação é um meio fundamental para se atingir o desenvolvimento como sujeito que é parte de uma conjuntura social e, ainda, como forma de a empresa se manter atualizada e competitividade no mercado de produção de bens e serviços, destacamos que não há como fugir da importância que é se manter aperfeiçoado, mesmo que o profissional tenha concluído seus estudos nas instituições de ensino formal.

É justamente nesse aspecto que identificamos a educação corporativa como um mecanismo importante para a consolidação da informação e da formação dos profissionais no âmbito da corporação. Nesse sentido, Meister (1999, p. 26) destaca:

> O início da Educação Corporativa aconteceu no Instituto de Desenvolvimento de Gestão Jack Welch, na General Electric, em Nova Iorque, em 1956. O objetivo da criação era o de melhor educar e formar seus gestores. A partir daí, outras empresas começaram a fazer um investimento maior na aquisição do conhecimento.

A partir do surgimento do capitalismo, as relações de trabalho começaram a ser organizadas de modo diferente, pois o conhecimento passou a ser incorporado nessas relações. Aos poucos, as empresas começam a incluir a necessidade de trabalhar, no âmbito das corporações, os programas de aperfeiçoamento profissional, com o intuito de valorizar o capital intelectual da empresa. Nessa perspectiva Saviani (2003, p. 134) afirma que, "Nessa nova visão empresarial sobre o componente humano, o objetivo dos programas de educação corporativa deve ser o de aumentar o capital intelectual (CI), ativo que não aparece nos balanços financeiros das empresas".

Devemos salientar que programas educacionais nas empresas sempre existiram, mas normalmente eram restritos aos níveis gerenciais e à alta administração; para a grande maioria dos funcionários, havia apenas programas de treinamento pontuais.

> Na medida em que o surgimento das UC's foi o grande marco da passagem do tradicional Centro de Treinamento & Desenvolvimento (T&D) para uma preocupação mais ampla e abrangente com a educação de todos os colaboradores de uma empresa, na prática é com o seu advento que vem à tona a nova modalidade de Educação Corporativa. (Eboli, 2004, p. 2)

Diante desse novo padrão de percepção para o funcionamento das corporações, houve uma mudança de paradigma na gestão empresarial, tornando-a um pouco mais flexível, visto que apresentará um funcionamento descentralizado e integral.

As organizações que aplicam os princípios inerentes à educação corporativa estão criando um sistema de aprendizagem contínua. O propósito é que toda a empresa aprenda e trabalhe com novos processos e novas soluções e compreenda a importância da aprendizagem permanente vinculada a metas empresariais. Uma educação corporativa consiste em formar e desenvolver os talentos na gestão dos negócios, promovendo a gestão do conhecimento organizacional (geração, assimilação, difusão e aplicação) por meio de um processo de aprendizagem ativa e contínua. "O objetivo principal deste Sistema é o desenvolvimento e instalação das competências empresariais e humanas consideradas críticas para a viabilização das estratégias de negócio" (Eboli, 2004, p. 5).

Para além dessas medidas, a educação corporativa apresenta um trabalho específico que favorece não apenas as atitudes dos trabalhadores, mas também a postura e as habilidades. As empresas mais bem-sucedidas resolveram percorrer o caminho do aperfeiçoamento de sua mão de obra, passando a utilizar a empresa como uma ferramenta necessária para a formação do indivíduo e, assim, transformando-a em escola. Sobre esse deslocamento de funções no âmbito da organização empresarial, Meister (1999, p. xv) esclarece:

> [As empresas] abandonaram o paradigma de que a educação seria um capítulo da responsabilidade social da empresa e passaram de forma muito pragmática a entender que o diferencial decisivo de competitividade reside no nível de capacitação em todos os níveis de seus funcionários, fornecedores principais, clientes e até mesmo membros da comunidade onde atuam.

O objetivo da educação corporativa é incluir estrategicamente o conhecimento em sua equipe de profissionais, no sentido de conseguir manter-se competitiva e obter melhores resultados. De acordo com Meister (1999, p. 2), "A essência da organização do século XXI está em trabalhadores com conhecimento culturalmente diverso. Nela trabalho e aprendizagem são essencialmente a mesma coisa, com ênfase no desenvolvimento da capacidade do indivíduo de aprender".

Isso significa, portanto, que o profissional das empresas mais modernas precisa ter uma capacidade ampla de pensamento, de ação e, por fim, de reflexão. Nesse sentido, sobre o surgimento do treinamento e desenvolvimento no âmbito das corporações, Eboli (2004, p. 3) destaca que "Parece inquestionável a relevância que as áreas de T&D estão adquirindo sobre as demais funções da gestão de pessoas. A migração do T&D tradicional para a Educação Corporativa ganhou foco e força estratégica, evidenciando-se como um dos pilares de uma gestão empresarial bem sucedida".

Ainda no mesmo sentido de compreender a importância da figura humana no processo de funcionamento da empresa e, por fim, a necessidade de qualificar o indivíduo, Francelino et al. (2016, p. 16) informam:

> Com as mudanças na economia as empresas perceberam que o sucesso empresarial não estava ancorado somente à qualidade dos produtos e a utilização de novas tecnologias, mas também ao capital humano, pois é a esse que se delega a responsabilidade pelo desenvolvimento, implementação e cumprimento das estratégias dentro das organizações, cabendo, portanto, às empresas serem as fomentadoras do processo de capacitação de seus colaboradores.

A educação corporativa gera muitos benefícios para a empresa, pois aplica uma percepção integral do conhecimento, visando sempre à construção de um funcionário mais flexível, sendo possível desenvolver atividades com alto nível de complexidade. A questão aqui é pouco diferente daquela apresentada no modo de produção fordista, na qual o processo de produção em larga escala era o foco principal das empresas. Assim, a dinâmica que surge a partir da educação corporativa é bem mais integrativa, com vistas a flexibilizar as relações de trabalho dentro do sistema empresarial.

Para saber mais

Sobre a influência que o treinamento e desenvolvimento tiveram no âmbito da educação corporativa, sugerimos o artigo "Educação Corporativa no Brasil: da prática à teoria", de Marisa Eboli, disponível em: <http://www.anpad.org.br/admin/pdf/enanpad2004-grt-1816.pdf>.

Com a consciência de que a educação corporativa é realidade no sistema empresarial brasileiro, ressaltamos a necessidade de compreender os valores essenciais que participam desse processo de estruturação da educação corporativa, ou seja, os princípios basilares para a estruturação da formação na educação corporativa. Nesse contexto, sete princípios são essenciais: perpetuidade, cidadania, sustentabilidade, conectividade, competitividade, disponibilidade e parceria (Eboli, 2004). Trataremos com detalhes desses princípios a seguir.

Perpetuidade

A educação é um processo em que o indivíduo tem condições de conhecimento por meio de atos de aprendizagem que decorrem da percepção de valores, crenças e, ainda, de habilidades. Quando afirmamos que a educação é algo perpétuo, existe, no âmbito da educação, uma percepção hereditária, ou seja, de que se transfere através das gerações aquela informação específica. Por isso, destacamos que o conhecimento é um bem imaterial do indivíduo, e sua transferência acontece por meio do ensino entre pessoas, podendo ser dentro da própria família ou, ainda, nas instituições corporativas ou de ensino (Eboli, 2004).

O que devemos ressaltar, nesse momento, é que o conhecimento, atravessando esse processo natural de transferência, vai ocupar um espaço de imortalidade, pois os detentores do conhecimento não vão manter aquela informação para si e, portanto, ao compartilhar, estabelecerão as condições necessárias da prorrogação das causas e dos efeitos da informação no tempo.

No âmbito da corporação, o conhecimento poderá ser disseminado a partir do momento em que uma pessoa transmite as informações a outra. Assim, compreendemos que um colaborador que detém conhecimento, no desenvolvimento de suas atribuições profissionais, compartilhará as informações com um colega de trabalho e, dessa forma, estará disseminando aquela informação, que poderá ser divulgada com outro colaborador e, assim, sucessivamente.

Exercício resolvido

Assinale a alternativa que indica corretamente os princípios em que a educação corporativa precisa fundamentar suas ações de formação.

a) Complexidade, aperfeiçoamento, conexão, instrução permanente, valorização e precarização.
b) Perpetuidade, cidadania, sustentabilidade, conectividade, competitividade, disponibilidade e parceria.
c) Perenização, solidificação, legalidade, impressionismo, impessoalidade, conectividade e pavimentação.
d) Antagonismo, solidicação, complexidade, fundamentação, perenização, cidadania e conexão.
e) Informação, abstracionismo, sustentabilidade, permanência, valorização e precarização.

GABARITO: B

Feedback: Os princípios essenciais são perpetuidade, cidadania, sustentabilidade, conectividade, competitividade, disponibilidade e parceria.

Retornando ao estudo do princípio da perpetuidade, salientamos que a maneira como o conhecimento é tratado no âmbito da corporação entre os colaboradores justifica o preceito da perpetuidade das informações e, consequentemente, do conhecimento, pois a informação, ao ser tratada adequadamente, vai favorecer a construção de um processo educativo, já que essa informação será repassada à medida que sua utilidade e sua relevância forem devidamente verificadas.

Figura 1.1 – Transmissão do conhecimento na corporação

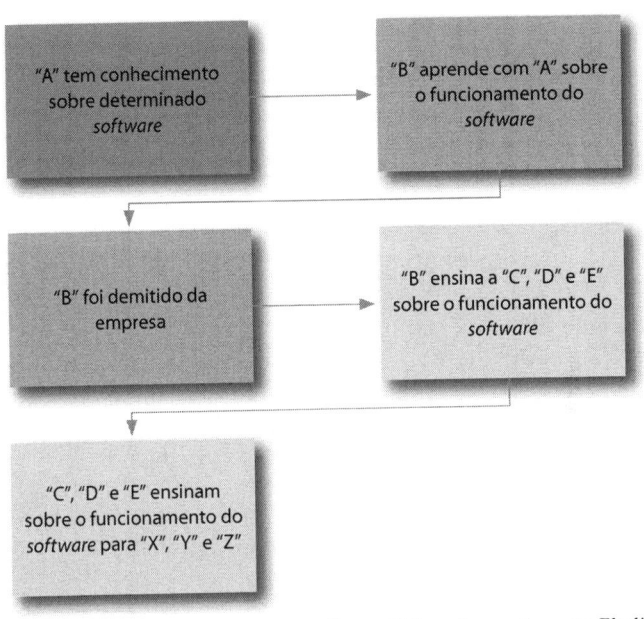

Fonte: Elaborado com base em Eboli, 2004.

Observamos, na Figura 1.1, que o processo de informações disseminadas no ambiente de trabalho não configura apenas a valorização da informação que é disseminada, mas também a valorização da própria empresa.

Portanto, as empresas que têm colaboradores capazes e, ainda, buscam, por meio de estratégias organizacionais, o aperfeiçoamento da mão de obra de seus funcionários, estará alcançando um patamar de destaque funcional, visto que os bons colaboradores vão sempre contribuir de alguma forma para a existência da empresa, podendo ser sempre presencialmente ou, ainda, através de uma herança de conhecimento.

COMPETITIVIDADE

A competitividade é essencial para o funcionamento da empresa, já que é por meio dela que uma empresa poderá buscar seu aperfeiçoamento na prestação de serviços, com vistas a melhorar sempre o tipo de serviço que está desenvolvendo. Sobre a competitividade, Porter (1985, p. 45, tradução nossa) destaca que "a concorrência é um aspecto fundamental da estratégia empresarial, onde o meio ambiente que a empresa opera é uma arena de competição, visto que a empresa está sujeita às forças da concorrência e tem que lidar com elas para sobreviver".

Nesse sentido, a competitividade, por ser essencial ao aperfeiçoamento de qualquer empresa, deve levar em consideração sempre alguns elementos básicos, que, conforme Silva e Fonseca (1996, p. 14), são: "desempenho, demanda, volume de exportações, eficiência na fabricação dos produtos etc. Assim, a competitividade tanto pode ser vista como um fenômeno 'ex-post', quando analisa-se o desempenho, como um fenômeno 'ex-ante', quando analisada como eficiência".

Para compreender a importância da competitividade, pense tão somente em uma empresa que, não tendo pessoal capacitado, estará sempre um passo atrás das outras empresas. Isso significa que a organização só terá capacidade competitiva quando estiver correspondendo às exigências do mercado.

Nesse sentido, uma empresa só consegue manter-se em plena competitividade quando for constatada que existe investimento direto no corpo de funcionários, para que a prestação de serviços seja sempre realizada da melhor forma possível ou, ainda, que o produto tenha qualidade suficiente para enfrentar as exigências do mercado de consumo.

Figura 1.2 – Investimento na corporação

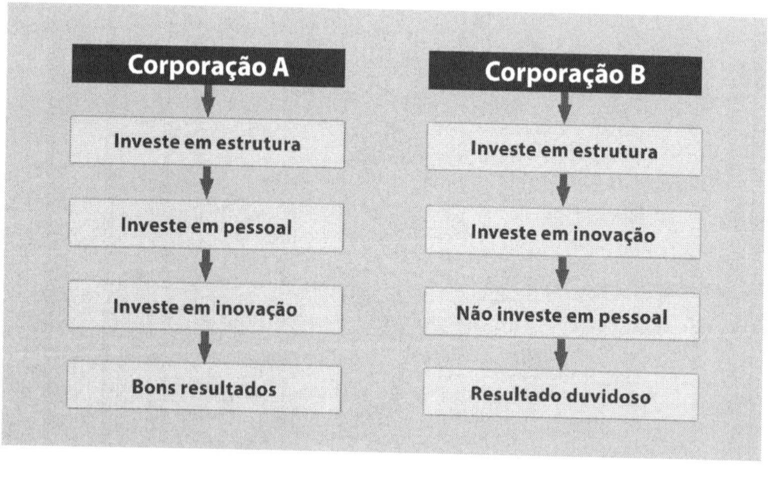

Corporação A	Corporação B
Investe em estrutura	Investe em estrutura
Investe em pessoal	Investe em inovação
Investe em inovação	Não investe em pessoal
Bons resultados	Resultado duvidoso

Fonte: Elaborado com base em Eboli, 2004.

O exemplo apresentado na figura destaca que uma empresa, ao investir nos aspectos estrutura, pessoal e inovação, terá bons resultados. Entretanto, quando a empresa não investe integralmente na estrutura necessária para seu funcionamento, os resultados podem ser duvidosos, ou seja, não haverá uma boa resposta sobre aquilo que se pretende e, portanto, a competitividade da empresa desvalorizar-se. Nesse sentido, sobre o surgimento da falta de competitividade da empresa, quatro elementos podem prejudicar o valor da empresa:

1. malogro em desenvolver recursos humanos tanto quanto outras nações;
2. incentivos insuficientes para poupança e investimento;
3. políticas comerciais que não atentam para as novas realidades do comércio internacional; e
4. deficiências na comercialização de nova tecnologia. (President's Commission on Industrial Competitiveness, 1985, p. 32, tradução nossa)

Assim, percebemos que a empresa deve saber que, para manter-se competitiva, ou seja, para sobreviver no mercado, alguns pontos devem ser considerados, quais sejam:

- Estar atenta aos novos concorrentes que entram no mercado, com o intuito de manter-se atualizada sobre as novas demandas que surgem e sobre o que pode ser melhorado no desenvolvimento dos serviços.
- Ter condições de negociar com os compradores e fornecedores, visto que uma boa empresa será capaz sempre de escolher os melhores produtos dos melhores fornecedores.

Entendemos que, para que uma corporação se mantenha competitiva, deve estabelecer métodos de favorecimento do conhecimento para profissionais da corporação e privilegiar comunicação empresarial, pois, ao conseguir aperfeiçoar os colaboradores, existirá uma prestação de serviços bem-estruturada, conforme especifica Eboli (2004, p. 7):

> Valorizar a educação como forma de desenvolver o capital intelectual dos colaboradores transformando-os efetivamente em fator de diferenciação da empresa frente aos concorrentes, para ampliar e consolidar sua capacidade de competir, aumentando assim seu valor de mercado através do aumento do valor das pessoas. Significa buscar continuamente elevar o patamar de competitividade empresarial através da instalação,

desenvolvimento e consolidação das competências críticas – empresariais e humanas.

Portanto, torna-se imperativo perceber o processo de competitividade a partir da acepção das noções tanto de tempo quanto de expectativas a partir dos elementos que podem ser equacionados nos elementos ambientais. Assim, a competitividade não pode ser verificada tão somente como uma disputa acirrada entre as corporações, mas como a capacidade de reflexão sobre o desenvolvimento de suas atividades e, ainda, como poderá melhorar seu desempenho em relação ao sucesso do concorrente.

Conectividade

Embora a conectividade nos remeta à compreensão de elementos relacionados com o processo de informatização do conhecimento, não podemos deixar de destacar que vai um pouco além, visto que essa característica tem relação com um tipo de conexão que pode ser estabelecida entre os colaboradores, independentemente do uso das tecnologias da informação. Nesse sentido, Oliveira (2015) afirma:

> A conectividade privilegia a construção social do conhecimento, estabelecendo conexões, intensificando a comunicação empresarial e favorecendo a interação de forma dinâmica para ampliar a quantidade e qualidade da rede de relacionamentos com o público interno e externo da organização, que propiciem gerar, compartilhar e transferir conhecimentos organizacionais considerados críticos para o negócio.

Assim, sabendo que a conectividade auxilia o processo de sedimentação do conhecimento, pois haverá troca de experiência, ressaltamos que existe uma necessidade real da estruturação de um canal de comunicação eficaz, em que a informação seja capaz de influenciar a mudança de comportamento, tanto dentro quanto fora da corporação. Para que sejam possíveis os novos direcionamentos da comunicação, torna-se essencial a presença da gestão do conhecimento, que é conhecida como uma estratégia utilizada nas empresas no processo de gerenciamento do conhecimento dos funcionários, no sentido de favorecer a aquisição e a transferência de conhecimentos e, por fim, aplicar em benefício próprio da empresa. A gestão do conhecimento pode ocorrer de diferentes formas, como veremos na sequência.

A primeira é por meio de uma gestão de conhecimento, que é um tipo de estratégia estabelecida no cotidiano das empresas e das pessoas, no sentido de favorecer o desempenho da corporação.

A gestão do conhecimento é reconhecida como um recurso estratégico inserido nas empresas e no cotidiano das pessoas. Estamos na era do conhecimento, sabemos que, num processo lógico, toda experiência e informação gerada pelo ser humano em sociedade torna-se em conhecimento, conhecimento presente nas bancas acadêmicas, nos livros e nas enciclopédias virtuais. Para ser mais competitivo no campo profissional, para uma empresa crescer e para uma pessoa viver melhor é necessário conhecimento e seu domínio em determinadas áreas. Conhecer é conquistar, elaborar e praticar melhor; porém, saber muito, por si só, não significa melhor nível de competitividade. (Rebouças, 2014)

A gestão de conhecimento pode também ser integrada com o processo de educação corporativa.

Figura 1.3 – **Gestão do conhecimento**

Fonte: Elaborado com base em Rebouças, 2014.

Diante da importância de sistematizar o conhecimento no âmbito das corporações, surge a necessidade de encontrar mecanismos adequados para a inserção do conhecimento no sistema corporativo. Francelino et al. (2016, p. 7) esclarecem:

> O conhecimento sempre desempenhou um papel fundamental na vida da sociedade e das organizações, sua obtenção sempre foi alvo de disputas e seu domínio fonte de desejo. Possuir conhecimentos sem que haja troca entre os indivíduos não são formas de se obter altos níveis de desenvolvimento e desempenho. Nesse contexto, as organizações entenderam que para se colocarem em posição de vantagem competitiva, necessitavam não só do conhecimento, mas também da sua distribuição e seu gerenciamento.

Ainda seguindo o raciocínio de que o conhecimento é necessário para o bom desenvolvimento das atividades empresariais no sentido de mantê-la sempre competitiva, torna-se preciso aplicar coerentemente essa gestão, a qual, segundo Luchesi (2012, p. 2), pode ser analisada da seguinte maneira:

> As organizações têm reconhecido que o conhecimento é necessário para mantê-las competitivas no mercado e melhorar significativamente o seu desempenho, mas para implementar uma Gestão de Conhecimento é necessário garantir uma boa comunicação interna, ou seja, explicar a todos os colaboradores da organização qual o seu papel e a sua verdadeira importância.

Ademais, a empresa pode ou não se utilizar de elementos informáticos para produzir a socialização do conhecimento, mas o importante é saber que o conhecimento está sendo oferecido e, que posteriormente, ele será disseminado por toda a corporação e, em seguida, haverá o favorecimento no desempenho das atividades da empresa. Os gestores devem propiciar oportunidades ao indivíduo para que seja possível identificar crescimento adequado e, consequentemente, o desenvolvimento.

> Para alcançar a excelência na gestão de conhecimento é necessário que os gestores de capital humano entendam seu propósito, utilizem adequadamente as ferramentas, ofereçam oportunidades de crescimento e desenvolvimento em troca de comprometimento com os objetivos propostos

pela organização. As organizações devem entender e repassar aos colaboradores a importância de partilhar conhecimento, estando este, presente em todas as atividades organizacionais, de forma explícita ou tácita e seu exercício revela o nível de maturidade da organização. (Francelino et al., 2016, p. 8)

Sobre as ferramentas que podem ser utilizadas no âmbito da conectividade, destacamos as seguintes:

- **Jornadas contínuas de capacitação profissional:** a capacitação do corpo de funcionários servirá como processo de aperfeiçoamento do conhecimento e, inclusive, como um momento em que os funcionários vão trocar experiências, partilhando dificuldades, interesses e conhecimentos. Quando a empresa não favorece essa troca de conhecimento, os colaboradores se fecham em seus nichos produtivos e, assim, acabam não contribuindo para o desenvolvimento integral da empresa.
- **Sistemas de gestão eletrônica de documentos:** quando a informática é utilizada para arquivar documentos, o processo de prestação de serviços pela empresa se torna mais célere e, portanto, pode ser obtido melhores resultados.
- **Fóruns de discussão:** favorecer a discussão gera crescimento individual e coletivo. Portanto, quando os colaboradores apresentam seus conhecimentos e suas experiências profissionais, existe uma possibilidade grande de aquela informação servir para a formação de outro colaborador.
- *Benchmarks* **(com as comunidades interna e externa):** ferramenta que auxilia a empresa a pensar além do que os limites que lhes são apresentados. A ideia dessa ferramenta é sempre expandir.

O *benchmark* é um processo realizado de maneira contínua para que produtos, serviços e processos de outras empresas sejam avaliados e, em seguida, comparados com o desempenho pela corporação que sistematiza referida avaliação. Assim, o objetivo da ferramenta é manter a qualidade dos serviços e produtos sempre em primeiro plano, analisando, portanto, o que a concorrência tem de melhor e como pode aperfeiçoar suas atividades com o objetivo de melhorar.

> **Perguntas & respostas**
>
> **O que é *benchmark*?**
>
> De acordo com Ferreira e Ghiraldello (2014, p. 3), *benchmark* é uma relevante ferramenta estratégica que auxilia a eficiência das atividades corporativas. Por meio desse processo, a empresa analisa a prática desenvolvida pelo concorrente no que se refere à qualidade dos produtos, às estratégias de *marketing* e aos preços.

DISPONIBILIDADE

As informações devem estar sempre à disposição do colaborador. Nesse ponto, o que deve ser levado em consideração é a facilidade que o funcionário precisa ter no acesso às informações que desejar encontrar, devendo a corporação disponibilizar mecanismos para tanto. Dessa maneira, a informação poderá estar em bibliotecas, em aplicativos ou em fóruns de discussão. Nesse mesmo sentido, Eboli et al. (2006, p. 6) informam que o princípio da disponibilidade "Busca oferecer e disponibilizar atividades e recursos educacionais de fácil acesso e uso, fazendo com que a aprendizagem possa ocorrer em qualquer hora e em qualquer lugar".

Assim, o instrumento da disponibilidade não verifica apenas a necessidade da existência de um curso de aperfeiçoamento, mas também de qualquer tipo de instrumento que possa gerar conhecimento para os colaboradores da empresa. Podemos visualizar essa questão na Figura 1.4, a seguir.

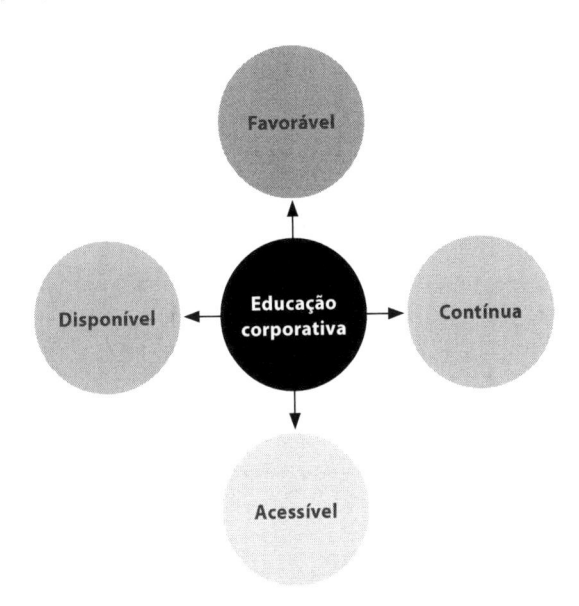

Figura 1.4 – Qualidades da educação corporativa

```
                    Favorável
                        ↑
                        |
    Disponível  ←  Educação      →  Contínua
                   corporativa
                        |
                        ↓
                    Acessível
```

Fonte: Elaborado com base em Eboli, 2004.

PARCERIA

Um dos princípios mais interessantes nesse processo de compreensão sobre a educação corporativa é o da parceria, visto que é um elemento que se fundamenta na importância das alianças que podem ser realizadas tanto interna quanto externamente.

Quando uma empresa decide estabelecer parcerias com outra empresa, um ponto específico deve ser levado em consideração: as limitações da própria empresa. São limitações porque, se a organização tivesse essas competências, não estaria buscando em seus parceiros. A empresa só busca parceiros porque tem um tipo de deficiência específica em sua estrutura ou em seus colaboradores.

Nesse contexto, enfatizamos que as parcerias podem ser internas e externas. As parcerias internas são aquelas estabelecidas entre as equipes da empresa, em que colaboradores e gestores se organizam e disseminam suas funções, fomentando, portanto, o auxílio mútuo. Dessa maneira, percebemos que, quando um colaborador não sabe realizar determinada conduta, deve pedir auxílio a outro funcionário da empresa, com o intuito de encontrar uma alternativa capaz de auxiliar no processo de prática profissional.

Figura 1.5 – Parcerias internas: educação corporativa

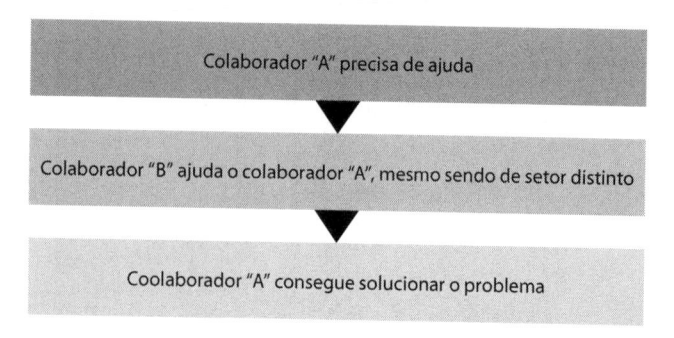

```
Colaborador "A" precisa de ajuda
        ▼
Colaborador "B" ajuda o colaborador "A", mesmo sendo de setor distinto
        ▼
Coolaborador "A" consegue solucionar o problema
```

Fonte: Elaborado com base em Eboli, 2004.

Ademais, ressaltamos que, para além dessa troca de conhecimento que é essencial no processo de funcionamento empresarial, as corporações têm se habituado a colocar pessoas capazes de formar continuamente seus colaboradores, e isso acontece no cotidiano por meio dos líderes de equipes de trabalho e dos gestores principais das corporações.

As parcerias realizadas no âmbito das corporações são aquelas que as empresas buscam em instituições de ensino ou pesquisa para promover cursos de aperfeiçoamento ou de formação para seus colaboradores. O objetivo é apenas formar integralmente o funcionário ou aperfeiçoar um conhecimento previamente adquirido.

Exemplificando

Um exemplo de parceria externa que pode acontecer entre uma empresa e uma instituição de ensino ou de formação é o caso da empresa Amazon Web Services e da Faculdade Senac RJ.

A Faculdade Senac RJ possui convênio com a empresa Amazon Web Services, uma das líderes mundiais no mercado de computação em nuvem. Unidades curriculares das graduações tecnológicas em Análise e Desenvolvimento de Sistemas e em

> Redes de Computadores utilizam o ambiente da AWS Academy de forma a capacitar o profissional formado na Faculdade Senac RJ para trabalhar com as mais atualizadas tecnologias de computação em nuvem. As aulas são ministradas no ambiente da AWS Academy, permitindo ao aluno preparar-se para obtenção das diversas certificações profissionais da AWS, na qual nossos estudantes têm descontos de 50%. (Senac, 2021)

Cidadania

A empresa, mesmo que tenha objetivo de auferir lucros para seus idealizadores, tem uma função social, ou seja, uma utilidade para o desenvolvimento da toda a sociedade. Por isso, a empresa não pode ser caracterizada com base em um aspecto reduzido, mas tão somente em elementos que possibilitam uma ampliação das atividades empresariais, de maneira, portanto, a conceber a empresa como parte essencial da construção econômica e social de um lugar (cidade, estado ou país).

Pensar na empresa a partir dessa perspectiva ampliada, ou seja, com aspectos voltados para a cidadania, facilita compreender a necessidade de se pensar que uma empresa é importante para a sociedade, pois estará fornecendo oportunidades de emprego, valorização da mão de obra, aplicando conhecimentos e sistemas inovadores. Através das empresas, o indivíduo é capaz de ser cidadão e auxiliar a organização a cumprir propósitos necessários de boas práticas da cidadania, como é o caso da proteção ambiental, da inclusão de pessoas que estão em estado de vulnerabilidade (pessoas com deficiência, negros, mulheres, homossexuais).

Além de a cidadania poder já estar inserida nesse contexto da formação humana, visto que depende, exclusivamente, de uma formação de base, a própria corporação poderá trabalhar continuamente com os valores de um cidadão, ou seja, aqueles valores que estão estabelecidos na Constituição Federal e que favorecem a construção de uma sociedade, livre, justa e fraterna.

Percebemos, portanto, que a cidadania pode ser algo apresentado externamente para toda a corporação, mas se o colaborador já tiver a formação cidadã, o processo será apenas de aperfeiçoamento, o que torna o processo mais fácil, pois o sujeito irá apenas refletir sobre os aspectos apresentados pela empresa e poderá, então, atuar conforme suas diretrizes éticas e pessoais. Nesse sentido, Eboli (2004, p. 8) destaca a cidadania serve para

> estimular o exercício da cidadania individual e coletiva, pois visa a construção social do conhecimento organizacional, através da formação de atores sociais, ou seja, sujeitos capazes de refletirem criticamente sobre a realidade organizacional, de construí-la e modificá-la continuamente, e de atuarem pautados por postura ética e socialmente responsável, imprimindo assim qualidade superior na relação de aprendizagem entre colaboradores, empresa e sua cadeia de agregação de valor.

Os benefícios que podem ser observados no âmbito da cidadania estão apresentados na Figura 1.6, a seguir.

Figura 1.6 – **Efeitos da cidadania na corporação**

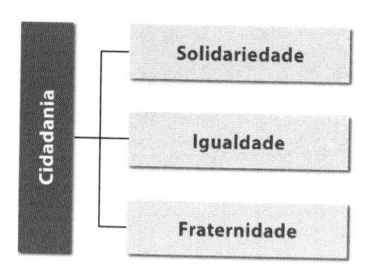

```
Cidadania ─┬─ Solidariedade
           ├─ Igualdade
           └─ Fraternidade
```

Fonte: Elaborado com base em Eboli, 2004.

Nesse sentido, destacamos que é importante, no âmbito da cidadania, os gestores e líderes aplicarem mecanismos que construam integralmente os valores da sociedade no âmbito das corporações.

O princípio da cidadania é uma ferramenta para o favorecimento do desempenho de uma corporação, e quanto mais consciente o cidadão estiver sobre os direitos estabelecidos no ordenamento jurídico, melhor será seu desempenho.

Portanto, caso o funcionário não tenha nenhum tipo de compreensão acerca dessa prática, a possibilidade de ser um colaborador que atue de modo a congregar valores que favoreçam o desempenho da empresa é bastante pequena, afinal de contas é difícil exigir de um sujeito algo que ele não sabe como funciona.

Assim, quando o funcionário não compreende os aspectos básicos da cidadania, seu desempenho no âmbito da corporação fica bastante prejudicado, o que vai interferir também no funcionamento da empresa no âmbito global, conforme observamos na Figura 1.7, a seguir.

Figura 1.7 – **Cidadania e progresso na corporação**

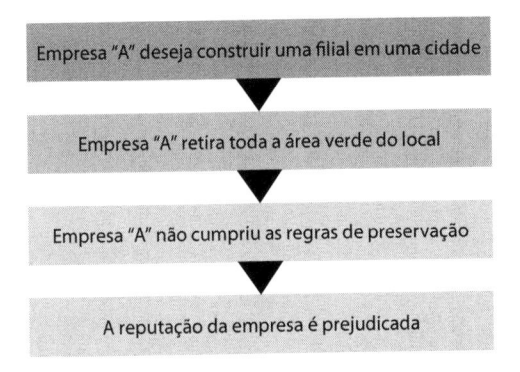

```
Empresa "A" deseja construir uma filial em uma cidade
                         ▼
Empresa "A" retira toda a área verde do local
                         ▼
Empresa "A" não cumpriu as regras de preservação
                         ▼
A reputação da empresa é prejudicada
```

Fonte: Elaborado com base em Eboli, 2004.

Ainda no que se refere ao processo de construção da cidadania de uma corporação, observamos que, no caso apresentado na figura, se a empresa tiver respeitado todas as normas relacionadas à proteção da área verde do local, a percepção sobre os valores morais e éticos a partir da perspectiva da corporação seria totalmente diferente, visto que a reputação é um aspecto que vem sendo considerado pelos gestores e líderes empresariais.

Significa dizer que a reputação externa da empresa tem relação direta com o tipo de posicionamento que assume na sociedade e, portanto, uma boa repercussão externa é essencial para que a empresa possa conseguir parceiros e, até mesmo, clientes. Uma empresa com boa reputação apresentará um bom resultado no mercado competitivo.

Sustentabilidade

O colaborador valoriza a empresa quando consegue desempenhar funções que agregam valor, de maneira integral, ao negócio. Desse modo, o funcionário que busca soluções com o objetivo de reduzir custos na empresa considera-se adequado para a empresa e, portanto, um elemento que vai beneficiar as atividades da corporação.

Nesse sentido, sobre o processo de compreensão da sustentabilidade, Eboli (2004, p. 8) destaca:

> Ser um centro gerador de resultados para a empresa, buscando agregar sempre valor ao negócio. Significa também buscar fontes alternativas de recursos que permitam um orçamento próprio e autossustentável, diminuindo assim as vulnerabilidades do projeto de Educação Corporativa, a fim de viabilizar um sistema de educação realmente contínuo, permanente e estratégico.

E Oliviera (2015) complementa: "o princípio da sustentabilidade na educação corporativa tem por essência gerar resultados, e assim cumprir o princípio da competitividade, dando sustentabilidade ao Sistema de Educação Corporativa". Para compreender melhor como a sustentabilidade pode ser aplicada no processo de educação corporativa, vejamos a Figura 1.8, a seguir.

Figura 1.8 – Sustentabilidade e educação corporativa

Empresa usa água para produção	A água da produção é reutilizada na limpeza	Medida autossustentável

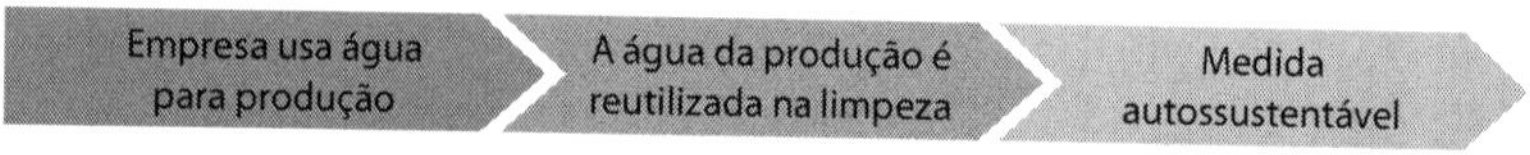

Fonte: Elaborado com base em Eboli, 2004.

1.3 Efeitos da educação corporativa

Diante do analisamos até aqui, percebemos que não há como conceber uma empresa que apresenta um trabalho adequado sem uma gestão adequada, e, para que isso seja possível, um processo corporativo voltado para o aperfeiçoamento dos funcionários é o ponto principal. Nesse sentido, Eboli (2004, p. 5) destaca:

As organizações que aplicam os princípios inerentes à UC estão criando um sistema de aprendizagem contínua. O propósito é que toda a empresa aprenda e trabalhe com novos processos e novas soluções e compreenda a importância da aprendizagem permanente vinculada a metas empresariais. A missão de uma UC consiste em formar e desenvolver os talentos na gestão dos negócios, promovendo a gestão do conhecimento organizacional (geração, assimilação, difusão e aplicação), através de um processo de aprendizagem ativa e contínua. O objetivo principal deste Sistema é o desenvolvimento e instalação das competências empresariais e humanas consideradas críticas para a viabilização das estratégias de negócio.

Podemos citar a vantagem diante da concorrência como o benefício primordial almejado por gestores e diretores que adotam a educação corporativa, vantagem que precisa acompanhar as mudanças que ocorrem na economia e estar sempre se renovando. Não basta que uma empresa se destaque, ela precisa manter essa posição de vantagem, ou seja, buscar a vantagem competitiva sustentável. Para que isso aconteça, práticas inovadoras e diferenciadas devem ser implantadas e cultivadas no ambiente organizacional (Francelino et al., 2016).

Por isso, a educação corporativa deve ser aplicada com vistas a propiciar a construção de uma integridade ampla do funcionário, não apenas voltada aos seus aspectos individuais, mas essencialmente ao modo como esse colaborador vai desempenhar suas funções, valorizando a reputação da empresa.

Para que isso seja possível, a corporação deve ter como pressuposto principal o fortalecimento das estratégias do negócio, e não apenas o aperfeiçoamento do indivíduo, pois de nada adianta o indivíduo ter bastante conhecimento se não consegue aplicá-lo adequadamente, como pode ser analisado na Figura 1.9, a seguir.

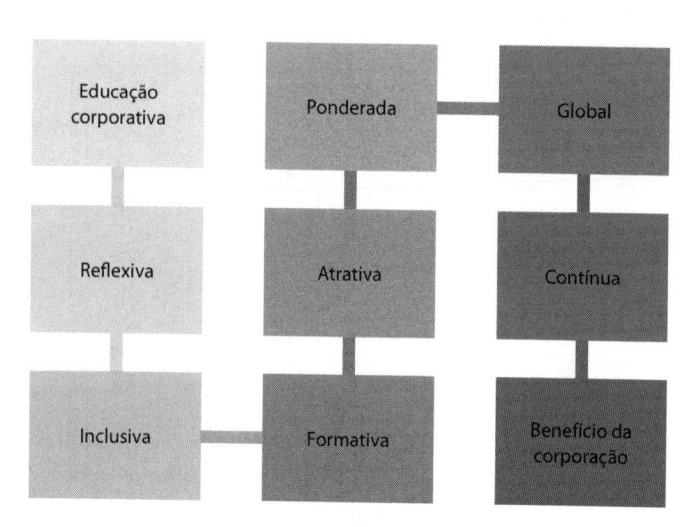

Figura 1.9 – Efeitos da educação corporativa

Educação corporativa	Ponderada	Global
Reflexiva	Atrativa	Contínua
Inclusiva	Formativa	Benefício da corporação

Fonte: Elaborado com base em Eboli, 2004.

Exercício resolvido

Assinale a alternativa que indica corretamente o princípio que prevê a necessidade de viabilizar o acesso à informação sempre que o funcionário procurar, independentemente de sua localização.

a) Continuidade.
b) Perpetuidade.
c) Disponibilidade.
d) Complexidade.
e) Cidadania.

GABARITO: C

Feedback: As informações devem estar sempre à disposição do colaborador que a busca. O que deve ser levado em consideração é a facilidade que o funcionário precisa ter no acesso às informações que deseja encontrar, devendo a corporação disponibilizar mecanismos para tanto. Dessa maneira, a informação poderá estar em bibliotecas, em aplicativos ou em fóruns de discussão.

Síntese

- O mercado de trabalho, no decorrer dos anos, vem apresentando mudanças significativas no processo de desenvolvimento dos serviços e na utilização da mão de obra.
- A precarização é aspecto recorrente no mercado de trabalho.
- A educação tem estreita relação com as atividades desempenhadas no ambiente de trabalho, pois quanto mais qualificado for o colaborador, melhor será sua posição.
- Investir na educação promove o desenvolvimento da sociedade.
- Em muitos países, a falta de investimento na educação é ponto real.
- A educação corporativa é um instrumento utilizado no âmbito da gestão de pessoas com o objetivo de melhorar a *performance* do colaborador e, consequentemente da empresa.
- A educação corporativa atua com base em sete princípios específicos: continuidade, conectividade, perpetuidade, cidadania, disponibilidade, sustentabilidade e parceria.
- Os princípios da educação corporativa favorecem a construção de uma educação mais global do colaborador.

2 Andragogia

Conteúdos do capítulo:

- Fundamentos da andragogia.
- Princípios e pressupostos da andragogia.
- Aplicação da andragogia no ambiente corporativo.

Após o estudo deste capítulo, você será capaz de:

- compreender os fundamentos da andragogia;
- identificar os princípios que fundamentam a andragogia;
- entender como a andragogia pode ser aplicada no ambiente corporativo.

O processo de aprendizagem na sociedade não se fecha em si mesmo, ou seja, não está limitado ao processo observado no ensino formal (ensino escolar e superior), pois é possível perceber que a formação do indivíduo pode ocorrer para além do período de aquisição do conhecimento no ensino formal. Assim, no próprio ambiente de trabalho, é possível perceber que o indivíduo, mesmo na fase adulta e inserido no mercado de trabalho, pode ser sujeito participante de um sistema de aprendizagem. Essa é a definição de andragogia.

As empresas e as corporações, para que se mantenham competitivas, buscam mecanismos para aperfeiçoar suas equipes de trabalho e, para isso, optam por diferentes métodos.

Vamos compreender os fundamentos e os pressupostos essenciais da andragogia, a fim de que, em seguida, possamos examinar os princípios basilares que cerceiam esse método. Dessa maneira, será necessário diferenciar o funcionamento da pedagogia, como método aplicado às crianças, do da andragogia, como método aplicado aos adultos, com vistas a entender os mecanismos adequados para a aplicação desta no ambiente corporativo.

2.1 Fundamentos da andragogia

O indivíduo, como integrante de um processo social, precisa buscar sistematicamente conhecimento. Ainda nos anos iniciais, o processo educativo acontece por meio de medidas pedagógicas específicas que são aplicadas na escola por profissionais da pedagogia que se prepararam para o feito.

A partir do momento que o indivíduo cresce, o conhecimento vai tomando outros contornos, visto que as informações passam a ser diversificadas e se destinam ao processo de formação acadêmica necessária para a formação de um profissional, que entrará no mercado de trabalho assim que tiver obtido as qualificações específicas necessárias para o ingresso na carreira profissional que deseja.

Até o final da década de 1990, quando o profissional alcançava o curso superior, imaginava-se que era o final do percurso na formação acadêmica (Eboli, 2004).

Entretanto, atualmente, essa questão tem sido compreendida de modo diferente, pois, depois que o indivíduo finaliza o ensino superior, a formação não se encerra. Mesmo já no mercado de trabalho, o aperfeiçoamento é necessário para que se mantenha colocado profissionalmente.

A questão é que o mercado de trabalho passa a exigir um profissional extremamente qualificado, ainda que o retorno financeiro seja reduzido ou que não haja colocação profissional suficiente.

Por isso, os profissionais que desejam permanecer no mercado de trabalho, devem compreender que o aperfeiçoamento é de extrema importância, aumentando as chances de continuar empregado.

Nesse sentido, de acordo com Quirino (2017, p. 159):

> O mundo atual exige de cada indivíduo aprendizado constante para obtenção de sucesso, de modo que a educação é vista como a forma de se conseguir uma vida melhor e obter aquilo que ninguém lhe pode tirar: o conhecimento. Diante disso, a aquisição cognitiva, física e emocional de habilidades e conhecimentos deixa de ser exclusiva a crianças e adolescentes, passando a fazer parte do mundo dos adultos que precisam estar cada vez mais capacitados para o mercado e a vida.

Assim, é compreensível afirmar que o processo educacional após a formação profissional do indivíduo (graduação ou ensino técnico) se torna algo padrão.

Nesse contexto surge a andragogia, que é a possibilidade de um profissional, depois de ter se formado, buscar aperfeiçoamento em sua área de atuação e, assim, tornar-se mais capacitado para desenvolver suas competências técnicas.

O que é?

País desenvolvido é aquele em que os aspectos principais relacionados com a dignidade humana são identificados na sociedade. Isso inclui acesso à educação, moradia, justiça, segurança, saúde, alimentação etc. Um país é considerado desenvolvido quando observa diretrizes que garantem ao indivíduo uma boa qualidade de vida, onde suas liberdades são respeitadas e as garantias são cumpridas.

A compreensão do conceito de andragogia tem início com a etimologia da palavra. Esse termo é formado por três palavras de origem grega: *homem, agein* e *logos*, portanto significa amplamente a ciência que o homem.

Dessa forma, entendemos que a formação do profissional não se fecha com a aquisição de uma titulação específica, mas se prolonga pelo tempo e, assim, coloca o sujeito como protagonista de sua formação, ou seja, de sua aprendizagem.

Entretanto, em virtude de a andragogia não ser um processo de educação obrigatória nos sistemas jurídico e social brasileiro, a pedagogia se destacou justamente pela essencialidade de se cumprir argumentos e normas previstas no ordenamento jurídico brasileiro.

Essa posição, adotada por muitos anos pela sociedade, foi modificada com o tempo, visto que as mudanças apresentadas pelo mercado de trabalho e, ainda, a evolução da ciência e da tecnologia passaram a exigir mais estudos do profissional que já se encontrava empregado. Nesse sentido, Unesco (1999, p. 20) destaca que "Em consequência dessa nova realidade, ambos os tipos de educação, seja a voltada aos adultos ou a empregada para crianças e adultos, se tornaram elementos necessários para uma nova perspectiva na qual o aprendizado persiste por toda a vida".

Por isso, a adaptação do profissional no contexto empresarial é essencial para o favorecimento tanto da qualificação profissional quanto do melhoramento dos serviços e da produção de bens oferecidos pela empresa.

Por fim, conforme podemos observar na Figura 2.1, desde o final da década de 1990, a educação deixou de ter foco apenas para o ensino de crianças e adolescentes e passa a ser aplicada aos adultos.

Figura 2.1 – Educação e formação no setor corporativo

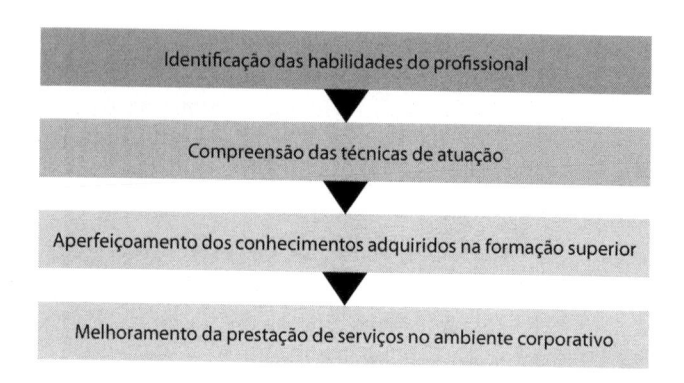

```
┌─────────────────────────────────────────────────────────────┐
│      Identificação das habilidades do profissional          │
└─────────────────────────────────────────────────────────────┘
                              ▼
┌─────────────────────────────────────────────────────────────┐
│           Compreensão das técnicas de atuação               │
└─────────────────────────────────────────────────────────────┘
                              ▼
┌─────────────────────────────────────────────────────────────┐
│  Aperfeiçoamento dos conhecimentos adquiridos na formação superior │
└─────────────────────────────────────────────────────────────┘
                              ▼
┌─────────────────────────────────────────────────────────────┐
│ Melhoramento da prestação de serviços no ambiente corporativo │
└─────────────────────────────────────────────────────────────┘
```

Fonte: Elaborado com base em Unesco, 1999.

Assim, a educação passou a ser percebida de maneira mais ampla, visto que se observou a necessidade de atualização, e, como veremos, essa atualização pode acontecer não apenas no sistema de programas de pós-graduação, mas também no âmbito da própria empresa.

Nesse contexto, qualquer profissional, no intuito de se manter ativo no mercado de trabalho, precisa buscar aperfeiçoamento em sua profissão, questão que vai muito mais além do que os cursos de especialização, mestrado e doutorado, pois estão relacionados à cultura e aos ideais que a própria empresa proporciona aos funcionários. Portanto, o conhecimento deve ser tratado sempre prioritariamente, no sentido de conseguir suprir as necessidades apresentadas pela própria empresa. Nesse sentido, Eboli et al. (2006, p. 3) informam:

> o processo de aprendizagem é essencial para que o "estoque" de conhecimento do indivíduo se transforme e se expanda, à medida que ele explore intensamente a situação com que se defronta. É necessário para a geração de novos conhecimentos que os indivíduos aprendam com as situações a que são continuamente expostos.

Sabendo que as necessidades apresentadas pela empresa dependem, exclusivamente, das tendências do mercado, é possível observar que, quanto maiores os obstáculos no âmbito empresarial, maior será o desafio tanto para a empresa quanto para o profissional que está envolvido diretamente na relação. Nesse sentido, Le Boterf (2003, p. 10) destaca:

Diante do aumento da complexidade nas situações profissionais, é solicitado aos profissionais saber cada vez mais as especificidades da ação. Por isso, cabe ao profissional agir com pertinência, saberes e conhecimentos em um contexto profissional, integrar ou combinar saberes múltiplos e heterogêneos saber transpor; saber aprender e aprender a aprender; saber envolver-se.

Portanto, não há como afastar a necessidade de aperfeiçoamento da mão de obra dos profissionais que se encontram no mercado de trabalho, pois, diante dos desafios que surgem cotidianamente, o colaborador deve estar preparado para encontrar uma saída adequada para o problema que a empresa apresenta e, assim, fortalecer a conexão com a cultura e os ideais da empresa.

> **Importante**
> Além da perspectiva tradicional de educação, há a visão de que o modelo andragógico pode ser aplicado como técnica empresarial de educação. No entanto, ao realizar uma reflexão crítica e contraposta à andragogia aplicada a instituições de ensino convencionais, verificamos que esse modelo vem sendo utilizado em empresas com mais frequência do que no ensino convencional. Nesse momento, a andragogia tende ao utilitarismo e poderá ser frequentemente usada pelo aluno de modo prático, geralmente em local de trabalho (Coelho; Dutra; Marieli, 2016).

A Figura 2.2 demonstra a importância das atividades de aperfeiçoamento que a empresa pode favorecer aos seus funcionários como forma de garantir a qualidade na prestação de serviços ou, ainda, na produção de bens.

Figura 2.2 – Ciclo necessário de formação corporativa

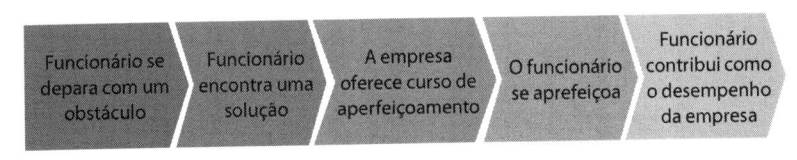

Funcionário se depara com um obstáculo	Funcionário encontra uma solução	A empresa oferece curso de aperfeiçoamento	O funcionário se aprefeiçoa	Funcionário contribui como o desempenho da empresa

Fonte: Elaborado com base em Le Boterf, 2003.

De acordo com Eboli (2004), a questão da aprendizagem no âmbito corporativo é trabalhada, de modo recorrente, no âmbito das atividades empresariais, em virtude dos grandes benefícios que podem surgir, ou seja, dos resultados positivos para a empresa.

Por isso, é fundamental que a aprendizagem com origem em uma ação individual seja o foco de todo esse processo, no intuito de buscar não apenas o aperfeiçoamento pessoal, mas a adequação com as necessidades apresentadas pelo ambiente laboral.

> **Preste atenção!**
>
> Ao se relacionar a técnica ao desenvolvimento industrial de uma cultura globalizada, que passou a ser requerida como formação especializada para que o trabalhador pudesse atender às demandas do momento socioeconômico, surgem novas necessidades empresariais inclusive no âmbito educacional. Assim, desponta um tipo de aluno com necessidades mais específicas e que não está no meio acadêmico, mas sim integrando uma estrutura corporativa. Esse aluno foca suas experiências em seu campo de trabalho, visando a uma habilitação própria (Coelho; Dutra; Marieli, 2016).

Sobre a maneira como o conhecimento deve ser processado no ambiente corporativo, Senge (1990) especifica que a experiência de cada profissional é um ponto importante nesse processo, pois a memória organizacional que cada funcionário tem poderá ser partilhada no ambiente de trabalho, com o intuito de favorecer o desempenho empresarial.

Assim, é coerente pensar que uma empresa vai se desenvolver quando conseguir perceber tanto as necessidades internas, ou seja, os pontos fortes e as vulnerabilidades da empresa, quanto os interesses da comunidade.

Nesse sentido, de acordo com Antonello (2005), para uma aprendizagem organizacional adequada, alguns elementos devem ser ponderados:

> Devem ser considerados os seguintes aspectos, quando se analisa aprendizagem organizacional: o processo, relativo à questão de continuidade; a mudança, relativa à transformação de atitude; o grupo, enfatizando a interação; a criação e reflexão, relativo à inovação e conscientização; a ação, através da apropriação e disseminação do conhecimento com base em uma visão pragmática, e também por experienciar, vivenciar e compartilhar através das interações; a situação e contexto no qual ocorre a aprendizagem, sendo impregnada de significado informal; e a cultura,

através da construção de significados, na maneira de compartilhar sentido às experiências. (Antonello, 2005, p. 12)

De acordo com o autor, a aprendizagem no ambiente organizacional acontece de modo integrativo e flexível, pois depende de uma ação individual, visto que necessita das experiências compartilhadas no ambiente de trabalho e do tipo de cultura que a organização adota.

Portanto, para que a empresa apresente resultados positivos, ressaltamos a necessidade de um processo contínuo de aprendizagem, no sentido de perceber a construção do conhecimento em um cenário tanto individual como especialmente coletivo (grupal).

A partir de então, a compreensão exata do que é educação corporativa se torna mais próxima daquilo evidenciado por Meister (1999), ao caracterizá-la como um guarda-chuva em que podem ser observadas as estratégias necessárias para educar funcionários, clientes e, por fim, fornecedores, por meio de informação clara e objetiva emitida pela organização.

A andragogia, portanto, é o processo de aprendizagem que acontece por meio de um desenvolvimento contínuo acerca das necessidades do indivíduo, visto que as informações que estão sendo adquiridas baseiam-se nas necessidades próprias que surgem no âmbito do cotidiano, motivo pelo qual a comunicação é recíproca e ativa, e não passiva e dependente.

Por fim, o que deve ser considerado é que, em se tratando de andragogia e pedagogia, ambos os métodos relevam a experiência de uma aprendizagem contextualizada. No caso da pedagogia, esse processo decorre da intervenção direta de professores que detêm o conhecimento e vão preparar instrumentos para facilitar a aprendizagem de seus alunos; e no caso da andragogia, há os facilitadores, que estão inseridos no cotidiano do indivíduo adulto e auxiliam nas atividades do funcionário.

Perguntas & respostas

A aplicação da pedagogia é indicada no âmbito da educação de adultos?

No sistema de aprendizagem para adultos, não se indica a aplicação da pedagogia, visto que os adultos não são motivados quando apenas ouvem em sala de aula, e a pedagogia é voltada para um conjunto de situações em que o professor adota o processo de ensino e aprendizagem.

No caso da pedagogia, o conhecimento é transmitido unilateralmente, ou seja, o aluno encontra-se em estado de passividade no processo de ensino e aprendizagem. Já na andragogia, o processo ocorre de modo bilateral, ou seja, os funcionários que se encontram naquele local têm informações importantes e, portanto, a partir das medidas de reflexão e partilha, o conhecimento é disseminado. Nesse sentido, Lindeman (1989, tradução nossa) destaca:

> A educação de adultos representa um processo pelo qual o adulto se torna consciente de sua experiência e a avalia. Para fazer isso, ele não pode começar a estudar "disciplinas" na esperança de que algum dia essas informações sejam úteis. Pelo contrário, ele começa dando atenção a situações nas quais se encontra, a problemas que trazem obstáculos para sua autorrealização. São usados fatos e informações das diversas esferas do conhecimento, não para fins de acumulação, mas pela necessidade de solucionar problemas.

As etapas da educação de adultos exigem do profissional uma participação direta no processo, pois não ficará apenas no polo passivo da situação (prontidão para aprender), pois vivenciará a experiência por meio do desempenho de suas funções profissionais. Nesse sentido, Mundim (2002, p. 12) informa:

> A Educação corporativa não se restringe a salas de aulas, mas sim a processos organizacionais que são a criação de uma aprendizagem contínua, ou educação continuada, atingindo o próprio recurso intelectual e pessoal da empresa. Compartilhar experiências, ações e informações, visando a solução de problemas, aprender a reaprender, junto com toda a equipe, é a nova política de Gestão, onde ainda exige-se maior escolaridade, mas considera a competência e não a qualificação. Ainda é um discurso contraditório, baseado nas competências e conhecimentos, mas solicita do colaborador/gestor, a capacidade de lidar com o imprevisto, pro atividade, aprendizado organizacional e não apenas individual.

Em vista disso, no que se refere ao processo de aprender, o adulto parte do pressuposto de uma aplicação prática, ou seja, deve haver uma motivação específica para que o aprendizado ocorra de modo eficaz. Dessa maneira, um funcionário que desempenha uma função no ambiente de trabalho vai precisar compreender o funcionamento da situação com base em uma demanda específica, ou seja, a partir de uma aplicabilidade prática, um motivo para aprender.

Em virtude da autonomia característica da condição do funcionário e da necessidade de aperfeiçoar o conhecimento, ele deverá colocar-se como aprendiz nessa relação e, assim, estará disponível para aperfeiçoar seus conhecimentos.

Esse aperfeiçoamento acaba por ser justificado em virtude de muitos dos trabalhadores não terem as qualificações que se alinham com a cultura da empresa. Vejamos, portanto, o especificado por Eboli (1999, p. 120):

> Ao refletir sobre tal modelo de educação, verifica-se que a maioria dos trabalhadores não está sendo formada com esta perspectiva de adequação à cultura empresarial, pelos sistemas formais de educação, incluindo as universidades tradicionais, e recomenda que as organizações precisam desenvolver competências individuais em seus colaboradores com foco no próprio negócio, baseando-se nas competências essenciais e críticas necessárias a boa prática e sucesso dos mesmos.

Por isso, a experiência que o profissional tem é ponto de inflexão para a melhoria das atividades que podem ser desenvolvidas dentro e fora da empresa, pois o adulto, em razão de sua maturidade, vai identificar os benefícios que podem ser adquiridos com a aplicação real do conhecimento e ter capacidade de aplicar tais informações no ambiente de trabalho.

Consequentemente, nas corporações, os funcionários precisam desenvolver e aplicar competências como agilidade, criatividade, proatividade, flexibilidade e excelente capacidade de interação social.

Figura 2.3 – Competências dos funcionários nas corporações

- Criatividade
- Flexibilidade
- Habilidade
- Proatividade
- Relações interpessoais
- Agilidade

Fonte: Elaborado com base em Esteves; Meiriño, 2015.

Com base nesses aspectos, observamos que qualquer funcionário, ao se limitar àqueles conhecimentos adquiridos no âmbito do ensino básico e superior, pode estar criando obstáculos no desenvolvimento da própria profissão, bem como favorecimento do desempenho da empresa. Nesse sentido, Esteves e Meiriño (2015, p. 2) informam:

> A nova estrutura organizacional exige cada vez mais dos seus colaboradores e gestores. Agilidade, flexibilidade, competência social, proatividade e criatividade são algumas ferramentas que identificam novas formas de avaliação dos resultados da empresa, para identificar a real necessidade do profissional contratado.

Assim, fica bastante fácil compreendermos que existe uma forma adequada de se perceber o funcionamento das organizações, a qual estará relacionada a aspectos que vão além do conhecimento e estão mais ligadas à aplicação prática da conduta do indivíduo.

Essa situação envolverá as experiências do trabalho desenvolvido, como treinamentos realizados pela empresa para aperfeiçoamento do funcionário, uso das tecnologias da informação (e-mail, WhatsApp, em cursos de aprofundamento oferecidos pela instituição ou procurados pelos funcionários, entre outros).

Dessa forma, a nova estrutura nas corporações favorece a melhoria do desempenho da empresa no mercado, pois os funcionários estarão trabalhando de modo a se encaixar nas exigências da empresa.

Por isso deve, nas corporações haver sempre renovação na equipe responsável por gerir as pessoas (coordenação, gerência, responsáveis), no sentido de buscar o cumprimento de atividades com eficácia e eficiência, deixando claro que o trabalho deve estar aliado ao pensamento, às habilidades pessoais, às condições internas e externas das corporações, às experiências e, por fim, à formação continuada. Essa renovação está explicada na figura a seguir.

Figura 2.4 – Renovação no setor de gestão de pessoas

Fonte: Elaborado com base em Esteves e Meiriño, 2015.

A educação corporativa passou a funcionar de um novo modo, e o setor de treinamento e desenvolvimento não acompanhou essa inovação, tornando-se obsoleto, com antigos padrões de seleção e treinamento desgastados (Esteves, Meiriño, 2015).

> **Importante**
>
> A capacidade das organizações de atrair, desenvolver e reter talentos vem da compreensão da importância do capital humano, sendo a educação corporativa a ferramenta para o desenvolvimento de pessoas. Demonstra o impacto de gestão de conhecimento sobre o desempenho da empresa, pois os ativos intangíveis geram benefícios tangíveis. A estratégia corporativa cria vantagem competitiva sustentável, tornando-se o caminho mais curto para o alcance da competitividade ao colocar a empresa na dianteira dos concorrentes (Esteves, Meiriño, 2015).

Em virtude de sua importância social, as organizações precisam ser eficientes. Com as transformações provocadas pelo uso cada vez maior das tecnologias de informação e comunicação, a gestão de pessoas compreende que colaboradores competentes e comprometidos são peças essenciais para a sobrevivência e o sucesso das organizações.

Sobre a importância do aprendizado contínuo no âmbito das organizações, Meister (1999, p. 23) esclarece que o "aprendizado contínuo, através da educação corporativa exige o desenvolvimento de qualificações mais abrangentes, aumentando o comprometimento das organizações com aprendizagem e educação".

Com um aprendizado contínuo, o funcionário estará sempre atualizado e, consequentemente, haverá um excelente desempenho da corporação no mercado de prestação de serviços ou de produção de bens.

Por fim, destacamos que, tendo uma empresa integrada, em que seja possível identificar compromisso, motivação, alto desempenho e bons resultados, ela ocupará lugar de destaque no que se refere à competitividade no mercado de produção de bens ou prestação de serviços. Portanto, quanto mais integrada a equipe for, melhores serão os resultados (mais vendas).

Exercício resolvido

O funcionamento de qualquer empresa exige dos colaboradores e gestores, além do conhecimento adquirido no âmbito da universidade ou escola, a aplicação desses saberes nos casos concretos que ocorrem diariamente nas corporações. Assinale a alternativa que indica uma capacidade pessoal a ser utilizada no âmbito da corporação, no sentido de que as atividades sejam bem desempenhadas.

a) Agilidade.
b) Compaixão.
c) Atrevimento.
d) Intromissão.
e) Perseverança.

GABARITO: A

Feedback: Nas corporações, os funcionários precisam desenvolver competências como agilidade, criatividade, proatividade, flexibilidade e excelente capacidade de interação social.

2.2 Princípios básicos da andragogia

Já mencionamos que a andragogia refere-se ao ensino do indivíduo na fase adulta. Destacamos, agora, a importância dos princípios básicos da andragogia, segundo Knowles (1973, p. 123, tradução nossa):

> a andragogia é um conjunto de princípios que se aplicam a todas as situações de aprendizagem de adultos. Os objetivos e propósitos para os quais a aprendizagem é oferecida são um assunto à parte. Os profissionais em Adult Education – AE (Educação de Adultos) deveriam desenvolver e discutir os modelos de aprendizagem de adultos separadamente dos modelos dos objetivos e propósitos das respectivas áreas que aplicam esse tipo de aprendizagem. A área de DRH, por exemplo, adota a *performance* organizacional como um de seus principais objetivos, e a Educação de Adultos pode centrar-se mais no crescimento individual.

De acordo com Knowles (1973), o indivíduo que retoma os estudos na fase adulta busca algum tipo de realização, seja pessoal, seja profissional. Quando a busca pelo aperfeiçoamento ocorre no ambiente corporativo, observamos que o funcionário, a partir do problema apresentado no cotidiano empresarial, precisará buscar uma solução adequada, ponderando o papel dos colaboradores da área à qual o problema está relacionado.

Portanto, a experiência e o conhecimento acumulados durante toda a vida profissional e acadêmica são instrumentos capazes de auxiliar o desenvolvimento das atividades por parte do profissional. E o conhecimento de um funcionário acaba sendo repassado para outro, que, além de interesse em aprender, tem disposição.

> **Para saber mais**
> Para compreender um pouco mais sobre o processo de aprendizagem no ambiente corporativo, sugerimos a leitura do artigo "Educação Corporativa e Desenvolvimento de Competências: um Estudo de Caso no Setor de Auditoria", de Carlos Eduardo Pereira, Marcos Abilio Bosquetti, Patricia Portela Prado Galhano de Paula, Marisa Eboli, disponível em: <http://www.anpad.org.br/diversos/down_zips/10/enanpad2006-gpra-2864.pdf>.

A construção de um conjunto íntegro de informações pode ser embasada na perspectiva da prática profissional, e não apenas no conhecimento adquirido anteriormente, pois uma pessoa pode deter conhecimento, mas não conseguir aplicá-lo em virtude da falta de habilidade com a prática.

Ainda sobre os princípios que devem ser aplicados nesse cenário de conhecimento e aprendizagem na fase adulta, é preciso embasar o processo de aprendizagem em elementos inerentes à condição da andragogia. Vamos conhecer esses elementos na sequência.

Necessidade de aprender

Os desafios para o ensino de adultos são superados quando o conhecimento adquirido, no decorrer de sua formação acadêmica, é estruturado com vistas à aplicação imediata nas corporações.

Dessa maneira, o adulto apresenta a necessidade de aprender sobre o tema que é objeto do problema a ser enfrentado, e não apenas de uma possível acumulação de conteúdo.

Não se trata, portanto, de acumular o conhecimento por acumular, mas de um processo de identificação para a resolução prática e imediata do problema que é revelado na corporação.

Observamos, na figura a seguir, que o aprendizado terá bons frutos quando for possível identificar a importância dele no processo de desenvolvimento das atividades laborais.

Figura 2.5 – **Importância da aprendizagem no ambiente corporativo**

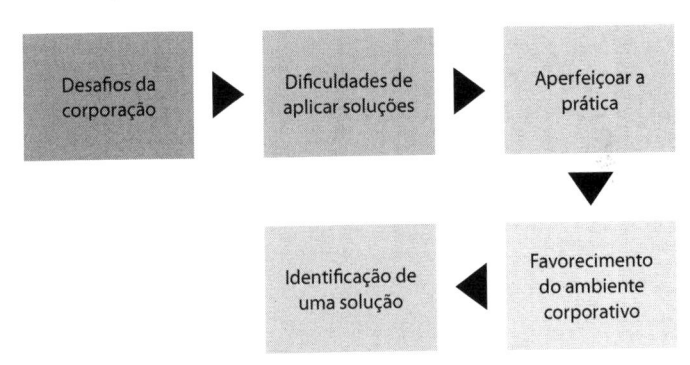

```
[Desafios da corporação] ▶ [Dificuldades de aplicar soluções] ▶ [Aperfeiçoar a prática]
                                                                        ▼
[Identificação de uma solução] ◀ [Favorecimento do ambiente corporativo]
```

Fonte: Knowles, 1973, p. 123.

Autonomia

Sabendo que o problema a ser solucionado surge no cotidiano do ambiente de trabalho, é preciso considerar que o funcionário tem condições de decidir sobre seu futuro, ou seja, o profissional tem autonomia para buscar soluções adequadas sobre as dificuldades no ambiente de trabalho.

Por isso, ele poderá realizar pesquisas especializadas sobre o tema, bem como solicitar auxílio aos colegas de trabalho ou a qualquer outro profissional experiente.

A autonomia refere-se à independência e, por isso, o profissional poderá desenvolver essa liberdade como quiser, pois a reflexão é parte essencial desse processo de aprendizagem, e nada melhor do que refletir tendo por base uma conjuntura técnica autônoma, que é necessária para a construção de uma solução adequada para o desafio encontrado na corporação.

Tal questão pode ser identificada nos aspectos apresentados na figura a seguir.

Figura 2.6 – Autonomia e conhecimento no ambiente corporativo

| Desafio corporativo surge | Profissional busca uma solução conforme acha adequado | A solução é aplicada de acordo com as informações buscadas |

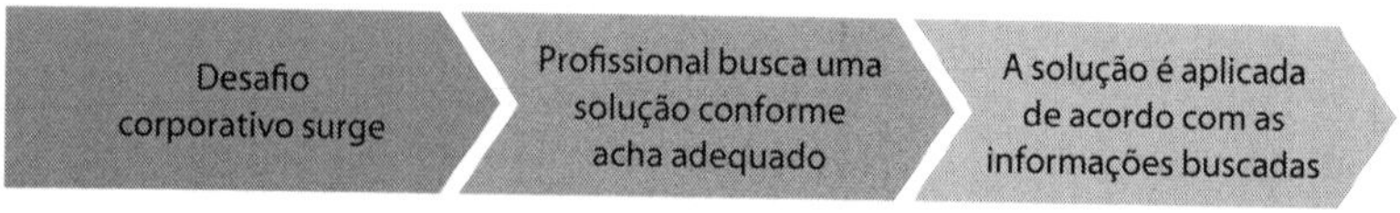

Fonte: Knowles, 1973, p. 125.

Experiência

O histórico do aluno adulto deve ser levado em conta no processo de aprendizagem de novas habilidades e conhecimentos, servindo como base para eles. Portanto, ao se estabelecer uma proposta de discussão no ambiente corporativo, a experiência anterior do profissional vai contribuir com as questões novas que irão surgir no novo trabalho (Marques, 2017).

A experiência se refere aos aspectos do conhecimento do indivíduo, portanto, quanto maior e melhor for a experiência do profissional (anos de trabalho, em muitos casos), mais valorizado ele será (Marques, 2017).

Conforme observamos na figura a seguir, o profissional carrega consigo não apenas o conhecimento acadêmico que foi adquirido por meio de estudos, mas também advindo de outras experiências.

Figura 2.7 – Etapas do compartilhamento da experiência no ambiente corporativo

- Desafio corporativo surge
- A busca de uma solução
- Conhecimento técnico anterior
- A prática anterior é aplicada ao caso atual
- Solução encontrada

Fonte: Knowles, 1973, p. 126.

Aplicação prática

O conhecimento a ser desenvolvido por um adulto, especialmente aquele que faz parte de um sistema corporativo, é capaz de auxiliar na construção de uma aprendizagem que tenha condições de ser aplicada no dia a dia.

Quando a aprendizagem buscada pelo profissional não encontra uma aplicação real, ele acaba não tendo tanto interesse naquele conhecimento, pois o que se deseja aprender precisa ter aplicabilidade prática. Sobre a relevância das atividades práticas para o desenvolvimento das habilidades de qualquer indivíduo, Knowles (1973, p. 32) destaca:

> As habilidades motoras são desenvolvidas por meio da prática. No caso das Informações verbais, a principal exigência para a aprendizagem é sua apresentação em um contexto organizado e significativo. Em se tratando de habilidades intelectuais, parecem exigir a aprendizagem prévia de determinadas habilidades. As estratégias cognitivas requer ocasiões repetidas em que são apresentados desafios ao pensamento.

Motivação

Em uma organização, a necessidade de encontrar uma solução adequada para a questão enfrentada é a grande motivação do funcionário. Dessa maneira, a referida questão encontra justificativa nos valores e nos objetivos profissionais que se tornam prioridade na fase adulta.

De acordo com Marques (2017), para que o indivíduo adulto tenha interesse em apreender um novo conteúdo, será necessário que perceba uma aplicação prática do que vai aprender, pois só assim será possível encontrar a motivação real para buscar a solução para o problema prático.

Respeito

No ambiente corporativo, assim como em qualquer outro ambiente onde existam pessoas, o respeito deve preponderar. Nas empresas, a prática do respeito é essencial para que seja possível ao funcionário desenvolver suas atribuições com a devida competência, visto que é importante para qualquer pessoa saber que está sendo útil naquele ambiente corporativo. Assim, uma empresa deve favorecer a construção de um ambiente saudável, em que seja possível desenvolver suas competências sem se sentir ameaçado ou tolhido.

A empresa que não é capaz de perceber os valores reais de seus funcionários terá bastante dificuldade em montar um quadro de funcionários que se envolvam com a empresa e que, portanto, consigam desempenhar a função com a qualidade necessária para elevar o nível da empresa.

Exemplificando

Imagine o caso de uma universidade em que não exista definição específica das funções administrativas inerentes à função de coordenação de curso. Essa situação gera impasse sobre quem é o profissional responsável para a realização de determinados atos administrativos. A indefinição sobre o trabalho que deve ser realizado pelo profissional é causa de insegurança na corporação, pois o coordenador não vai compreender além de suas atribuições, quando e como deverá atuar. A possibilidade de a organização crescer com qualidade é bastante reduzida, pois não haverá contribuição das aptidões dos profissionais para o desempenho da empresa.

2.3 Aplicação da andragogia no ambiente corporativo

Sabendo que a educação no âmbito da empresa é realizada com fundamento na andragogia, há a necessidade de compreender como o processo de aprendizagem será realizado por meio desse método. Percebemos que, no ambiente corporativo, mesmo com as possíveis dificuldades que possam surgir, como definição de horário e especificação de uma pessoa capacitada para fazer a devida orientação informacional, a andragogia tem condições de ser aplicada adequadamente.

Sabendo dessa possibilidade, a primeira questão que deve ser levada em consideração é o conhecimento dos princípios fundamentais da educação de adultos e, em seguida, definir quais objetivos desejam alcançar com a aprendizagem e quais resultados são esperados desse processo de aquisição do conhecimento.

Entre as técnicas utilizadas para implementar a andragogia no ambiente corporativo, destacamos as indicadas a seguir.

Método 70, 20, 10 – De acordo com Lopes (2019), o referido método de aprendizagem se estrutura a partir de experiências identificadas e partilhadas no próprio ambiente corporativo. Ainda segundo Lopes (2019), o aprendizado decorrente da aplicação desse método é dividido em percentuais da seguinte maneira:

- 70% de aprendizado: é obtido por meio da análise prática dos desafios que são identificados no cotidiano da empresa, com o intuito de identificar as possíveis soluções para o caso em análise.
- 20% de aprendizado: está relacionado às experiências com os outros membros da empresa, quando é possível trocar ideais, conhecimentos e percepções sobre o problema que está sendo analisado.
- 10% de aprendizado: é obtido por intermédio do processo formal de aprendizagem, ou seja, da realização e participação de cursos, palestras, seminários ou afins.

Ao analisarmos os percentuais que se relacionam com o método, notamos que, no caso de uma rotina de padrão, de 40 horas semanais, será possível definir as atribuições dos tutores responsáveis (que são aqueles que ocupam cargos de liderança) para 28 horas de atividades de rotina, 8 horas de aprendizado junto a mentores e 4 horas de treinamentos formais.

Gamificação – É um método por meio do qual a empresa aplica técnicas mecânicas, com características de jogos, a fim de motivar a aprendizagem em dado ambiente a partir da apresentação de situações reais, de maneira que o conteúdo é abordado de modo mais simples e acessível.

Engajar e motivar uma equipe de trabalho nem sempre é tarefa fácil, pois torna-se essencial desenvolver atividades que sejam atrativas para os funcionários, visto que a dinâmica da andragogia deve ser participativa, interativa, favorecendo sempre a construção de autoconhecimento e reflexão sobre o tipo de medida a ser tomada no caso analisado.

A gamificação pode ser utilizada de maneira diferenciada, incluindo possibilidades de aplicação em atividades diárias na corporação, vejamos:

> A gamificação é utilizada em ações como treinamento corporativo, onboarding de novos funcionários e até mesmo na realização das atividades diárias – criando uma experiência imersiva e interativa para motivar o funcionário a cumprir determinadas tarefas. Assim, essa metodologia estimula o colaborador a progredir em seu aprendizado, fixar melhor os conhecimentos adquiridos e ser mais produtivo e ativo em suas funções.
> (Ludos Pro, 2021)

Universidade corporativa – Há movimentos crescentes por parte da maioria das empresas para transformar os tradicionais centros de treinamento e desenvolvimento em Centros de Educação Corporativa ou Universidades Corporativas (termos tratados como equivalentes aqui). Porém, não há a intenção em competir com universidades tradicionais, já que o foco reside no desenvolvimento de competências organizacionais, no ensino das crenças e dos valores da empresa. Assim, a Universidade Corporativa se diferencia das universidades tradicionais no que diz respeito ao desenvolvimento de pessoas (Eboli, 1999).

A partir da proposta de se criar uma Universidade Corporativa, observamos que o propósito é voltar-se aos aspectos mais importantes para a empresa, pois assim será possível analisar as várias possibilidades para identificação de uma solução prática com vistas a desenvolver mais práticas inclusivas, que sejam capazes de construir funcionários com uma percepção de cooperação e solidariedade com um viés cidadão.

No método da Universidade Corporativa, existe o envolvimento direto do líder da organização com a aprendizagem que será trabalhada, posteriormente, com os demais funcionários. Essa medida é importante por favorecer a integração dos funcionários com os aspectos totais da empresa, o que inclui questões políticas empresariais e financeiras.

Portanto, o que se pretende com a Universidade Corporativa é a possibilidade de se utilizar a mediação da aprendizagem para que se favoreça um espaço adequado de competição, isto é, onde seja capaz de lançar toda a corporação para o mercado, com condições de competir com as melhores empresas.

Nesse sentido, sobre o funcionamento da Universidade Corporativa, Eboli et al. (2006, p. 6) apontam alguns aspectos importantes que devem ser aplicados:

> Desenvolver currículos que incorporem Cidadania Corporativa, Estrutura Contextual e Competências Básicas; Oferecer oportunidades de educação a cadeia de valor do negócio, bem como a formação de pessoas que possam trabalhar na empresa no futuro; Desenvolver vários formatos para a promoção da aprendizagem, além do tradicional mediado por um instrutor ou professor; Envolver os líderes da organização com aprendizado; Desenvolver um modelo que seja "autofinanciado", ao invés de trabalhar somente financiamento corporativo; Assumir um foco global no desenvolvimento de soluções de aprendizagem; Desenvolver um sistema de avaliação dos resultados e também dos investimentos; Utilizar a Universidade Corporativa para obter vantagens competitivas. No projeto da Universidade é preciso também considerar os componentes básicos que incluem a visão, missão, fontes de receita, organização, partes interessadas, produtos e serviços e parceiros de aprendizagem, bem como tecnologia, avaliação, comunicação constante e controles.

Conforme vemos, no projeto da Universidade Corporativa, é preciso também considerar os componentes básicos que incluem visão, missão, fontes de receita, organização, partes interessadas, produtos e serviços e parceiros de aprendizagem, bem como tecnologia, avaliação, comunicação constante e controles. Podemos perceber que, no modelo de educação corporativa, algumas questões básicas são feitas, e a busca de cada resposta vai se estruturando o projeto de cada organização (Eboli, 2004).

Entretanto, a universidade corporativa deve cumprir três requisitos: (i) desenvolvimento de competências essenciais ao negócio da instituição; (ii) estabelecimento de parcerias com instituições de ensino superior para chancela de diplomas e (iii) não restrição dos serviços educacionais aos servidores.

> **Para saber mais**
>
> No que se refere ao funcionamento da universidade corporativa, destacamos que o corpo docente deve ser formado pelos próprios gestores da organização, pois o objetivo é, tão somente, agregar valor, já que os gestores têm compreensão ampla e aprofundada sobre as questões de conteúdo e procedimentais que podem ser observadas na empresa. Nesse sentido:
>
>> Ao utilizar sua própria força de trabalho, gera benefício maior ao conhecimento organizacional. Contudo, as organizações encontram dificuldades na certificação dos cursos da chamada educação formal, pois essas certificações/diplomas só podem ser emitidas por órgãos e instituições com credenciamento do Ministério da Educação (MEC) ou secretarias de educação (Educação Básica). Para que isso seja possível, as empresas investem em parcerias com as universidades tradicionais públicas e privadas para a validação da certificação e/ou elaboração dos cursos de educação corporativa. (Brasil, 2015, p. 13)

Treinamento e qualificação – De acordo com Eboli (2006), essa prática está relacionada diretamente ao desenvolvimento de pessoas e para que seja possível que o método funcione, de maneira adequada, torna-se essencial o cumprimento destes aspectos:

- preparação dos aprendizes;
- clima de trabalho na corporação;
- planejamento;
- identificação das necessidades apresentadas no ambiente de trabalho;
- diagnóstico das necessidades que foram identificadas no ambiente de trabalho;
- especificação dos objetivos que serão traçados a partir do diagnóstico realizado;

- estruturação dos planos de aprendizagem a partir dos objetivos que foram traçados;
- aplicação das atividades de aprendizagem em conformidade aos planos de aprendizagem que foram traçados;
- avaliação das medidas aplicadas no sentido de identificar quais são os pontos considerados frágeis na corporação e que precisam ser trabalhados pela equipe de trabalho.

O ativo principal das organizações contemporâneas é o capital humano. Eles precisam gerenciar a si mesmos e ter autonomia. Dessa forma, é natural que sejam estimulados a enfrentar desafios para a criação do potencial corporativo. Na era da informação, a gestão do conhecimento é fator preponderante para o alcance da vantagem competitiva na economia global por meio do desenvolvimento de ferramentas como inteligência artificial, gerenciamento da informação, entre outros. A visão da nova gestão de conhecimento entende que o conhecimento é um processo baseado em competências, habilidades e atitudes (Gonçalo; Borges, 2010).

O foco da aprendizagem deve ocorrer em todos os níveis da organização, pois é assim que o conhecimento se transforma em competências por meio de mobilização, aprendizagem, participação e comprometimento. O conhecimento é inerente ao indivíduo. É responsabilidade da organização apoiar os colaboradores criativos para a criação do conhecimento (Nonaka; Takeuchi, 2008)

Diante do que se observa no que se refere ao desenvolvimento de pessoas, Eboli et al. (2006) esclarecem que o responsável pelo processo de envolvimento da equipe para aplicação da andragogia deve ter as seguintes competências, quais sejam:

- aprender a aprender;
- colaboração;
- resolução de problemas;
- conhecimento técnico;
- conhecimento sobre informações gerais;
- liderança;
- autogerenciamento de carreira.

Exercício resolvido

Na proposta de se criar uma universidade corporativa, o propósito é centra-se nos aspectos mais importantes para a empresa, pois, a partir de então, será possível analisar as várias possibilidades para identificação de uma solução prática, com vistas a desenvolver mais atividades inclusivas, que sejam capazes de construir funcionários com uma percepção de cooperação e solidariedade sob um viés cidadão. Assinale a alternativa que indica, corretamente, um dos os princípios que devem fundamentar a universidade corporativa.

a) Proporcionalidade dos efeitos organizacionais.
b) Desenvolvimento de competências essenciais ao negócio da instituição.
c) Supressão das parcerias institucionais.
d) Limitação dos serviços educacionais para os servidores da organização.
e) Planificação do plano de cargos e carreira da corporação.

GABARITO: B

Feedback: O propósito é voltar-se ao aspectos mais importantes para a empresa, pois, a partir de então, será possível analisar as várias possibilidades para identificação de uma solução prática, com vistas a desenvolver mais atividades inclusivas, que sejam capazes de construir funcionários com uma percepção de cooperação e solidariedade sob um viés cidadão.

Como já mencionamos, o treinamento a ser realizado no ambiente corporativo por meio do método da andragogia é fundamentado em conteúdo específico do ambiente organizacional. Trazendo informações técnicas de cada setor da organização, será possível auxiliar amplamente todos os aspectos da organização.

Se, por exemplo, o treinamento estiver voltado para uma equipe de vendas, é interessante que as técnicas aplicadas pelo responsável do treinamento sejam voltadas à aplicação de métodos capazes de convencer o público no processo de aquisição dos produtos que estão sendo oferecidos.

Síntese

- A andragogia, assim como a pedagogia é um método utilizado para a formação do indivíduo.
- Ao passo que a pedagogia tem uma sistemática passiva, sendo aplicada na educação formal, a andragogia apresenta um método interativo, ativo a partir de uma educação não formal.
- O funcionamento da andragogia está fundamentado em seis princípios específicos.
- Existem métodos que podem facilitam a aplicação da andragogia, como é o caso do método 70/20/10 e da gamificação, em que o responsável, por meio de jogos, suscita a reflexão dos funcionários e o melhoramento dos resultados.
- A universidade corporativa é um método que possibilita a aplicação da tutoria por parte dos gerentes através do envolvimento dos conteúdos de cada setor da corporação, no intuito de facilitar a reflexão sobre as medidas que devem ser tomadas na corporação.

3 Educação continuada

Conteúdos do capítulo:

- Educação continuada: conceito e funcionalidade.
- Aplicação prática da educação continuada.
- Educação continuada: iniciativas pessoais e corporativas.
- Vantagens e desvantagens da educação continuada no ambiente corporativo.

Após o estudo deste capítulo, você será capaz de:

- compreender o conceito de educação continuada;
- entender a função de educação continuada no âmbito empresarial;
- diferenciar iniciativa pessoal de corporativa no âmbito da educação continuada aplicada às empresas;
- identificar as vantagens e desvantagens da educação continuada no ambiente corporativo.

A educação é instrumento de substancial importância para o desenvolvimento da sociedade como um todo, pois influencia aspectos sociais, políticos, econômicos e culturais.

Quando o indivíduo tem acesso às informações que decorrem do processo de aprendizagem, sua postura no âmbito social será modificada, pois haverá consciência sobre os resultados decorrentes de seus atos.

Nesse sentido, ao relacionar o processo educacional no sistema empresarial, a informação decorrente de um processo formacional poderá auxiliar os funcionários que trabalham na empresa a desempenhar as atividades laborais com qualidade.

Neste capítulo, analisaremos a educação continuada no âmbito empresarial, evidenciando a relação necessária entre a pedagogia e a empresa.

Apresentaremos informações gerais sobre educação e sua relação com a empresa, destacando os benefícios que surgem da educação corporativa. Em seguida, abordaremos a definição de educação continuada e o funcionamento desse método no sistema empresarial.

Também é essencial analisar aspectos práticos desse método educativo a fim de identificar que existem situações em que o processo de formação é aplicado pela própria empresa e, ainda, pelo próprio indivíduo.

Em seguida, examinaremos os tipos de iniciativas que surgem no âmbito da educação continuada, para que seja possível compreender as vantagens e as desvantagens da educação continuada aplicada nas empresas.

3.1 Aspectos gerais da educação e a relação com o conhecimento

Sabendo que o conhecimento é peça fundamental para o desenvolvimento do indivíduo nos mais diversos aspectos de sua vida, fica fácil de compreender que a educação deve ser reconhecida como o método mais importante capaz de inserir o saber no indivíduo.

É notório o valor da educação no âmbito do desenvolvimento de uma sociedade, pois servirá tanto para a construção de uma cidadania plena quanto para o fortalecimento da economia. Nesse sentido, Salm, Heidemann e Menegasso (2006, p. 131) destacam os efeitos da educação no âmbito de uma sociedade:

> A educação talvez tenha sido o valor que maior diferença significou para as sociedades civilizadas. Pode-se dizer que a educação, segundo a linguagem de hoje, sempre teve dois tipos de propósitos: a construção da comunidade política (cidadania) e a viabilização da sobrevivência material (economia). Não parece haver dúvida de que a educação em nosso tempo visa à formação de cidadãos para a vida em sociedade, como também à sua capacitação para o exercício do trabalho, no mercado ou fora dele. Mas a ênfase aqui está voltada à capacitação profissional, o que não implica, de forma alguma, qualquer apreço menor à formação dos gerentes como cidadãos.

Portanto, a educação é a ferramenta necessária para que um país tenha bons resultados de desenvolvimento. Nesse caso, não se trata apenas de concluir um curso superior, mas de ter formação cidadã o suficiente para se sentir parte daquela estrutura social. E essa afirmação consta na própria Constituição Federal, mais especificadamente nos arts. 6º, 204 e 205:

> Art. 6º São direitos sociais a educação, a saúde, a alimentação, o trabalho, a moradia, o transporte, o lazer, a segurança, a previdência social, a proteção à maternidade e à infância, a assistência aos desamparados, na forma desta Constituição. (Redação dada pela Emenda Constitucional nº 90, de 2015)

> Art. 205. A educação, direito de todos e dever do Estado e da família, será promovida e incentivada com a colaboração da sociedade, visando ao pleno desenvolvimento da pessoa, seu preparo para o exercício da cidadania e sua qualificação para o trabalho.

> Art. 206. O ensino será ministrado com base nos seguintes princípios: I – igualdade de condições para o acesso e permanência na escola. (Brasil, 1988)

Observamos, portanto, que os dispositivos normativos apresentados abrangem os pontos mais importantes sobre a educação no Brasil sob uma perspectiva ampla, pois, para além de estabelecer a educação como direito, prevê os sujeitos responsáveis pelo processo educacional.

> **Para saber mais**
>
> Para compreender mais sobre a importância da educação no processo de desenvolvimento da sociedade, confira o artigo: "A importância da educação na construção de uma sociedade mais justa", de Patrícia Camila Barela, disponível em: <https://jus.com.br/artigos/69263/a-importancia-da-educacao-na-construcao-de-uma-sociedade-mais-justa>.

A Figura 3.1, a seguir, destaca com clareza os efeitos da educação no âmbito da sociedade.

Figura 3.1 – Efeitos da educação na sociedade

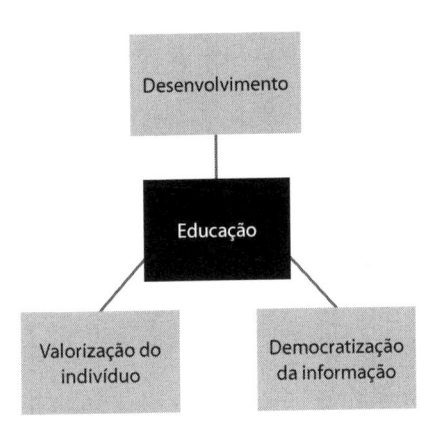

```
        Desenvolvimento
              |
          Educação
          /      \
Valorização do   Democratização
  indivíduo      da informação
```

Fonte: Elaborado com base em Salm; Heidemann; Menegasso, 2006.

Nesse sentido, de acordo com Paulo Freire (2011), o processo de educação relaciona-se a inúmeros elementos que podem ser identificados na sociedade, como é o caso dos valores culturais.

> A educação é um processo que envolve valores, transmissão e construção de relações sociais e, por isso precisa estar voltada para as transformações culturais da sociedade. Acreditamos que para que as práticas educacionais, na escola, possam estar voltadas à altura do nosso tempo e serem de fato inclusivas precisam ser efetivamente emancipatórias, que suscitem

processos de conscientização, compreensão crítica e participação, sendo uma instituição realmente inclusiva. (Freire, 2011, p. 34)

Essa questão está relacionada diretamente com a possibilidade de o indivíduo ter acesso aos vários tipos de formação educacional, ou seja, pode ser formal ou não formal. Não importa, portanto, o tipo de educação que o indivíduo vai receber, o centro da questão relaciona-se com o processo de aprendizagem em si, visto que qualquer um dos formatos servirá como suporte para a transferência de conhecimento.

Perguntas & respostas
O que é aprendizagem?
Segundo Freire (2011), aprendizagem é um método que se relaciona com o ato ou o efeito de aprender algo, em que é possível se identificar algum tipo de ligação no processo de ensino e aprendizagem. Através do processo de aprendizagem acaba por aumentar a adaptação dos indivíduos em várias circunstâncias.

O método de educação (formal ou não formal) vai depender da necessidade que o indivíduo apresenta quando busca a informação. Podemos analisar essa situação na Figura 3.2, a seguir.

Figura 3.2 – Diferenças entre educação formal e não formal

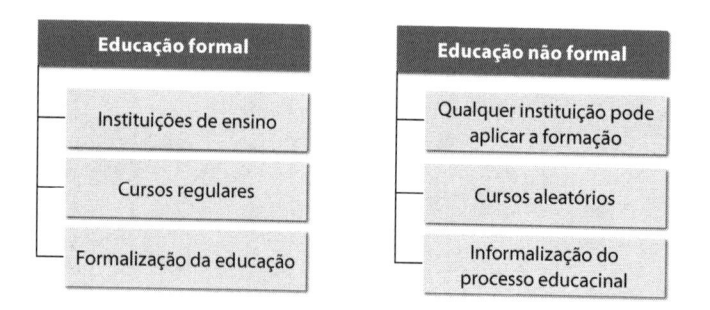

Educação formal	Educação não formal
Instituições de ensino	Qualquer instituição pode aplicar a formação
Cursos regulares	Cursos aleatórios
Formalização da educação	Informalização do processo educacinal

Fonte: Elaborado com base em Salm; Heidemann; Menegasso, 2006.

Sobre a educação formal, ressaltamos que sua materialização ocorre em instituições de ensino, escolas e universidades. Já no caso da educação não formal, seu funcionamento acontece na informalidade, ou seja, sem que haja normatização no processo de funcionamento dos cursos.

Pode ocorrer por meio de organizações não governamentais, como igrejas, partidos políticos, movimentos sociais, sociedade civil organizada e, como foi visto, dentro das próprias empresas.

Assim, em se tratando de formas de executar a educação, observamos que existem várias possibilidades e que, portanto, não se limitará a um único local para transferir conhecimento, de modo que não pode ser considerada um procedimento padrão, ou seja, de uma única maneira.

> **Para saber mais**
>
> A educação formal é cronologicamente graduada e hierarquicamente estruturada, sendo obtida nas escolas oficiais (públicas ou particulares), cujo cursos são reconhecidos pelo MEC e comprovados mediante certificados e diplomas. A educação informal caracteriza-se por não ser intencional ou organizada, mas casual e empírica, exercida com base nas vivências de modo espontâneo. É aquela que se adquire na família e no convívio em sociedade, em que se aprende a ter respeito aos outros, a ter boas maneiras, a conviver com a sociedade, a fazer tarefas básicas, etc. Os responsáveis por esta educação são os pais, familiares, vizinhos, amigos e a comunidade em geral (Freire, 2011).

Nesse sentido, em se tratando de democracia, no Estado de Direito, não há de se falar em limitação da prática educacional no Brasil e, por isso, concede-se essa liberdade ao saber que é o passo essencial para que um país seja considerado desenvolvido (Sen, 2000).

Por isso, o processo de educação formal ou não formal é de extrema importância para uma sociedade, visto que as situações vão adequar-se de acordo com as necessidades de cada pessoa. Talvez, a depender da realidade do indivíduo, a educação formal, por sua extensão temporal de execução não seja tão importante quanto a educação não formal, que possibilita a diversos setores da sociedade ter acesso aquelas informações sem precisar estar inserido no contexto de uma instituição de ensino.

Tendo compreendido as nuances relacionadas à importância da educação, em especial, da educação formal e não formal, destacamos nesse momento a necessidade de apresentar a relação da educação no âmbito da empresa.

Considerando a necessidade de incentivar a melhoria da empresa a partir do uso amplo das habilidades dos funcionários, percebemos que a educação corporativa é ponto primordial para a existência da empresa. Vejamos, nesse sentido, o especificado por Gomes (2021):

Levando em conta o cenário econômico dinâmico e, por vezes, instável que temos acompanhado, a educação corporativa é fundamental para o sucesso de grandes e pequenas empresas. Hoje, um dos maiores desafios de todas as corporações é manter seus colaboradores engajados e motivados com o trabalho e com a empresa, de modo que eles rendam mais e tragam mais benefícios não só em termos financeiros, mas também de clima organizacional e produtividade. E é aí que entra a educação corporativa.

Portanto, a educação não pode ser tratada como um treinamento, mas como a aplicação de um programa que objetiva o engrandecimento dos funcionários a partir de medidas educativas de aperfeiçoamento. Nesse sentido, a Figura 3.3 sintetiza a educação aplicada aos funcionários, que favorecerá o desempenho da empresa.

Figura 3.3 – Educação e benefícios empresariais

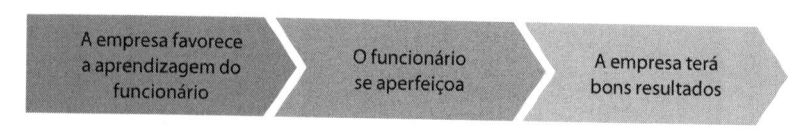

| A empresa favorece a aprendizagem do funcionário | O funcionário se aperfeiçoa | A empresa terá bons resultados |

Fonte: Elaborado com base em Gomes, 2021.

No que se refere ao funcionamento do sistema educacional no âmbito empresarial, destacamos que a aprendizagem poderá favorecer o desenvolvimento integral do profissional e, consequentemente, o desempenho da empresa na competitividade.

Desse modo, uma empresa que colabora com a formação dos funcionários por meio de práticas educacionais que visam auxiliar o desempenho do profissional, estará bastante propensa a coletar bons resultados no mercado competitivo, pois os funcionários se sentirão valorizados e motivados para realizar um melhor trabalho.

A equação é simples, pois mesmo que os funcionários de determinada empresa tenham obtido as certificações em universidades de grande prestígio é sempre importante que haja o aperfeiçoamento da carreira.

Quando o funcionário não busca o aperfeiçoamento no âmbito individual, há uma cristalização desse profissional na empresa, podendo gerar até seu desligamento e a necessidade de contratar novo funcionário, situação que gera a demanda por novo treinamento e, consequentemente, o surgimento de novos gastos.

> **Para saber mais**
> Sobre educação corporativa, indicamos a leitura do artigo: "Os efeitos da educação corporativa no turnover e remuneração dos profissionais das empresas do setor privado nacional", de Leandro de Miranda Siqueira, disponível em: <https://bibliotecadigital.fgv.br/dspace/handle/10438/28666>.

Ainda sobre a importância da frequência dos estudos por parte dos profissionais, destacamos os benefícios financeiros obtidos por várias empresas multinacionais de peças automotivas a partir da educação corporativa no período entre 2008 e 2015:

> Empresas que investem em treinamento constante, com formatos diversos de conteúdo e ações alinhadas com seus objetivos organizacionais, conseguem obter bons resultados de negócios. Veja o caso de uma indústria multinacional de peças automotivas. Entre 2008 e 2015, essa empresa qualificou, em parceria com o Senac, 5,3 mil profissionais que atuam em 1,2 mil oficinas credenciadas no Brasil. As vendas nessas oficinas cresceram 65% na comparação com os estabelecimentos que não tiveram seu pessoal treinado. Além disso, o índice de satisfação dos clientes saltou para a marca de 99% e o de recomendação dos serviços ficou próximo de 80%. (Estúdio Folha, 2017)

Visualizamos com clareza a relevância da educação no âmbito da empresa, pois, como já mencionamos, os benefícios auferidos acabam por influenciar toda a cultura organizacional. Quanto mais investimento na formação dos funcionários a empresa oferecer, melhores serão os resultados.

3.2 Educação continuada: conceito, importância e aplicação

Sabendo da possibilidade de aplicação da educação no âmbito empresarial, destacamos a presença da educação continuada como uma ferramenta necessária para a estruturação das atividades desenvolvidas por uma empresa.

A aplicação do método continuado na educação nas empresas constitui-se em um processo crescente no sistema empresarial, já que as empresas adotam com frequência essas medidas. Como veremos adiante, o método continuado é flexível e menos oneroso para as empresas. Nesse sentido, Gatti (2008, p. 57) informa:

> O que se pode constatar é que essas atividades, pelo Brasil, são inúmeras, mas muito abundantes sobretudo no Sul/Sudeste. Um universo extremamente heterogêneo, numa forma de atuação formativa que, em sua maioria, não exige credenciamento ou reconhecimento, pois são realizadas no âmbito da extensão ou da pós-graduação lato sensu. O surgimento de tantos tipos de formação não é gratuito. Tem base histórica em condições emergentes na sociedade contemporânea, nos desafios colocados aos currículos e ao ensino, nos desafios postos aos sistemas pelo acolhimento cada vez maior de crianças e jovens, nas dificuldades do dia a dia nos sistemas de ensino, anunciadas e enfrentadas por gestores e professores e constatadas e analisadas por pesquisas. Criaram-se o discurso da atualização e o discurso da necessidade de renovação.

Portanto, entendemos que a flexibilidade pode ser observada na realização da educação formal, por isso o crescimento em larga escala na construção de programas de educação continuada, partindo sempre do pressuposto da necessidade de aperfeiçoamento do corpo funcional. Ainda sobre a importância da educação continuada como elemento de desenvolvimento de atividades no âmbito do mercado de trabalho, Gatti (2008, p. 58) afirma:

> Nos últimos anos do século XX, tornou-se forte, nos mais variados setores profissionais e nos setores universitários, especialmente em países desenvolvidos, a questão da imperiosidade de formação continuada como um requisito para o trabalho, a ideia da atualização constante, em função das mudanças nos conhecimentos e nas tecnologias e das mudanças no mundo do trabalho. Ou seja, a educação continuada foi colocada como aprofundamento e avanço nas formações dos profissionais. Incorporou-se essa necessidade também aos setores profissionais da educação, o que exigiu o desenvolvimento de políticas nacionais ou regionais em resposta a problemas característicos de nosso sistema educacional.

> **Para saber mais**
> Assista ao vídeo da TV São Judas apresentado por Telma Vinhas: Educação Continuada – Conflitos e Educação para a Paz. Com a educação continuada, a sociedade poderá ser beneficiária de um sistema de construção de uma cultura de paz.
>
> SÃO JUDAS – Mídia Center. **Educação continuada**: conflitos e Educação para a paz. 9 maio 2012. Disponível em: <https://www.youtube.com/watch?v=LNsRDT2vhyU>. Acesso em: 28 out. 2021.

Ademais, a educação continuada no âmbito empresarial acaba sendo vista uma maneira de suprir as necessidades que surgem no decorrer do desenvolvimento das atividades no âmbito das empresas. De acordo com Gatti (2008), a precarização do ensino superior causa consequências na qualidade do profissional que vai entrar no mercado de trabalho, o que pode ser contornado com a educação continuada. Segundo essa autora:

> Assim, problemas concretos das redes inspiraram iniciativas chamadas de educação continuada, especialmente na área pública, pela constatação, por vários meios (pesquisas, concursos públicos, avaliações), de que os cursos de formação básica dos professores não vinham (e não vêm) propiciando adequada base para sua atuação profissional. Muitas das iniciativas públicas de formação continuada no setor educacional adquiriram, então, a feição de programas compensatórios e não propriamente de atualização e aprofundamento em avanços do conhecimento, sendo realizados com a finalidade de suprir aspectos da má-formação anterior, alterando o propósito inicial dessa educação – posto nas discussões internacionais –, que seria o aprimoramento de profissionais nos avanços, renovações e inovações de suas áreas, dando sustentação à sua criatividade pessoal e à de grupos profissionais, em função dos rearranjos nas produções científicas, técnicas e culturais. (Gatti, 2008, p. 59)

Entretanto, embora exista uma precarização do ensino formal no sistema educacional brasileiro, a educação continuada não se trata apenas de um meio de suprir as lacunas identificadas na formação do profissional, pois, se assim fosse, a educação formal seria uma medida que possibilita a certificação, e não a qualificação.

É preciso considerar que a educação continuada tem importância de complementação, e não de substituição do ensino formal.

Ainda sobre a educação continuada, como já expusemos, é o aperfeiçoamento constante de um profissional. Segundo Collares, Moysés e Geraldi (1999, p. 211):

> Embora a expressão "continuada" recoloque a questão do tempo – e nesse sentido poderia enganosamente remeter à irreversibilidade e à história –, pratica-se uma educação continuada em que o tempo de vida e de trabalho é concebido como um "tempo zero". Zero porque se substitui o conhecimento obsoleto pelo novo conhecimento e recomeça-se o mesmo processo como se não houvesse história; zero porque o tempo transcorrido de exercício profissional parece nada ensinar. A cada ano letivo, uma nova turma, um novo livro didático, um novo caderno intacto. Zerado o tempo, está-se condenado à eterna repetição, recomeçando sempre do mesmo marco inicial.

O que é?

Irreversibilidade é a qualidade concedida a algo que não volta mais, ou seja, que não se pode reverter e, por isso, os resultados não poderão ser modificados. Os atos que são irreversíveis fazem referência ao que já passou, isto é, ao tempo passado (Collares; Moysés; Geraldi, 1999).

Ainda sobre a importância da educação continuada para o favorecimento do desempenho empresarial, algumas organizações internacionais, como a Organização Pan-Americana da Saúde (Opas), salientam que a educação continuada melhorará o desenvolvimento das atividades e, ainda, favorecerá o cumprimento das metas estabelecidas no âmbito global da instituição. "A educação continuada é um processo dinâmico de ensino-aprendizagem, ativo e permanente, destinado a atualizar e melhorar a capacitação de pessoas, ou grupos, face à evolução científico-tecnológica, às necessidades sociais e aos objetivos e metas institucionais" (Brasil, 2015, p. 15).

A educação continuada é, então, de extrema importância para a qualidade do trabalho do profissional em empresas, instituições ou corporações e, portanto, tem relação com a qualidade de vida no ambiente de trabalho.

Exercício resolvido

A educação continuada é um método de formação profissional que pode ser aplicado no âmbito das empresas e que, quando realizado adequadamente, pode trazer bons resultados para a empresa. Assinale a alternativa que indica qual o principal objetivo da educação continuada no âmbito empresarial.

a) Melhorar os aspectos da sociedade.
b) Interromper o período exaustivo de trabalho.
c) Favorecer os ideais da empresa.
d) Atualizar e aprimorar capacitação de pessoas.
e) Exercer o direito constitucional à educação.

GABARITO: D

Feedback: A educação continuada é de extrema importância para a qualidade do trabalho do profissional em empresas, instituições ou corporações e, portanto, tem relação com a qualidade de vida no ambiente de trabalho.

Entendemos que a educação continuada dentro de uma empresa tem o objetivo essencial de as carências que a educação formal apresenta, propiciando condições de competir em pé de igualdade com as demais empresas, ou seja, ocorre a partir da educação continuada o aumento da competitividade da empresa.

Figura 3.4 – Aspectos da educação continuada na empresa empresarial

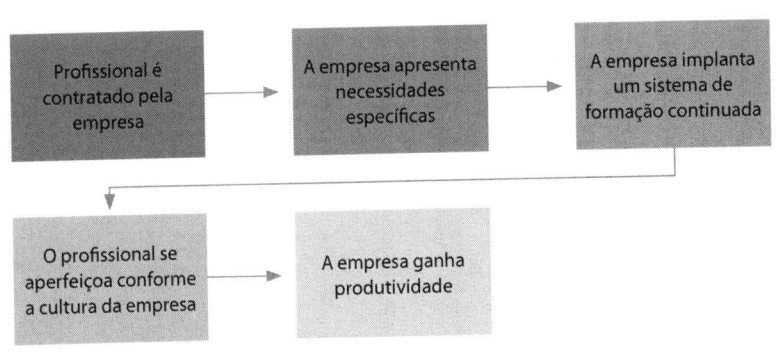

```
Profissional é contratado pela empresa → A empresa apresenta necessidades específicas → A empresa implanta um sistema de formação continuada
                                                                                                    ↓
O profissional se aperfeiçoa conforme a cultura da empresa → A empresa ganha produtividade
```

Fonte: Elaborado com base em Collares; Moysés; Geraldi, 1999.

Portanto, a educação continuada está relacionada a um conjunto de práticas educacionais cujo objetivo é proporcionar o desenvolvimento do profissional e, em seguida, favorecer o desempenho da empresa.

Salientamos que a empresa será protagonista no processo de formação do profissional, ou seja, em vez de essa formação ser buscada pela própria pessoa, hoje a proposta é diferente, visto que a própria empresa vai estruturar um programa de estudos para sua equipe de colaboradores.

Ademais, no que se refere ao tipo de conhecimento que será ofertado no programa de estudos, não podemos deixar de mencionar que são informações voltadas para a cultura empresarial, ou seja, informações consideradas válidas pela própria empresa para seu pleno desenvolvimento.

A justificativa para que o conteúdo esteja em consonância com as práticas empresariais é garantir o aperfeiçoamento da equipe de trabalho em informações que serão úteis para a empresa.

> **Exemplificando**
>
> Imagine que uma empresa X, voltada para a produção de combustíveis, tenha, em sua estrutura funcional, uma equipe de funcionários na área de tecnologia da informação. E, como parte de seu programa de expansão, deseja implantar um novo sistema de monitoramento das caldeiras que produzem o óleo diesel. Entretanto, por ser um programa novo, a empresa antes da implantação, disponibiliza aos funcionários, um curso de aperfeiçoamento sobre o sistema de monitoramento a ser implantado. O objetivo é, portanto, garantir que os funcionários adquiram conhecimento sobre o funcionamento do novo programa que será implantado na empresa.

Sabendo que a educação continuada é um método adequado para se atingir a qualidade na prestação de serviços ou produção de bens em uma empresa ou corporação, percebemos que o capital humano de qualquer empresa é o mais importante em sua estrutura do negócio.

> A Educação Continuada é componente essencial dos programas de formação e desenvolvimento de recursos humanos das instituições, sendo o capital humano o elemento mais importante no funcionamento de qualquer empresa, grande ou pequena, pública ou privada, com a implantação deste sistema há uma melhora significante na eficiência do trabalho, na competência dos profissionais e eleva o nível de satisfação da equipe (Silva; Conceição; Leite, 2008).

A educação continuada deve ser analisada como parte de uma política integral aplicada a todos os trabalhadores, indistintamente, de toda a empresa e, ainda, o ato deve estar embasado nas necessidades detectadas pela própria empresa.

> **Para saber mais**
>
> O aumento da competitividade global e a precariedade da educação tradicional foram dois fatores determinantes para a expansão da educação corporativa no Brasil. Nesse contexto, a organização opta pela educação corporativa para desenvolver seus recursos e talentos, além de buscar a competitividade sustentada. Cabe a essa modalidade de ensino, portanto, desenvolver competências críticas empresariais e humanas para cada organização, priorizando a comunicação, a colaboração, a capacitação técnica, o raciocínio crítico, a liderança, com ênfase na renovação do conhecimento e no desenvolvimento de novas atitudes e habilidades requeridas pelo mercado de trabalho (Meister, 1999).

3.3 Vantagens e desvantagens da educação continuada

Se a educação continuada está voltada para o aperfeiçoamento da mão de obra dos funcionários que trabalham na empresa, em virtude tanto das necessidades do próprio funcionário quanto da empresa, é fácil identificar que a educação continuada apresenta muitos benefícios, como veremos na sequência.

O primeiro benefício é a aquisição do conhecimento que é útil para a empresa. Se a empresa investe em formação continuada para a sua equipe de funcionários, significa dizer que o objeto da formação tem relação com a prática empresarial, pois de nada adiantaria para uma empresa disponibilizar um conteúdo que não fosse útil para o desenvolvimento de suas atividades. Por isso, a responsabilidade de especificar o conteúdo a ser transformado em conhecimento para as equipes de trabalho é de responsabilidade não apenas do gestor principal, mas especialmente do gestor da equipe.

Outro benefício é que os funcionários vão aplicar os conhecimentos na própria empresa. Quando o colaborador adquire o conhecimento em um curso de formação ou aperfeiçoamento, o gestor da equipe terá condições de exigir da equipe de trabalho o cumprimento das informações que foram abordadas no curso.

O profissional não precisa ausentar-se do trabalho para buscar aperfeiçoamento profissional, e isso é mais um benefício. Se o colaborador tem acesso à formação dentro da própria empresa, ele não precisará buscar outros meios para se especializar, como seria se precisasse sair em busca de conhecimento.

As oportunidades de aperfeiçoamento oferecidas pela empresa motivam a permanência do funcionário, pois ele se sente valorizado. Quando o funcionário tem acesso a um curso de formação patrocinado pela própria empresa, ele se sente valorizado, o que incentiva a permanência dele na empresa.

Outro benefício é que toda a equipe de trabalho terá o mesmo conhecimento. A equipe como um todo estará se qualificando, e não apenas uma pessoa específica, como seria o caso de o profissional buscar aperfeiçoamento fora da estrutura empresarial.

Como o aperfeiçoamento será aplicado a toda equipe, a atualização acontecerá de maneira integral para todos os funcionários de determinado setor, e eles estarão informados sobre as diretrizes apresentadas no programa de formação e, consequentemente, sobre as possíveis novidades e mudanças apresentadas pelo mercado competitivo.

Entretanto, ao analisarmos os aspectos positivos no âmbito da educação continuada, devemos ressaltar que o programa a ser implementado só terá bons resultados quando houver um trabalho conjunto acerca das condições sociopsicológicas e culturais das pessoas que fazem parte daquela equipe, não se limitando aos aspectos cognitivos do funcionário.

Nesse sentido, de acordo com Gatti (2003, p. 6) apenas a aprendizagem de determinados conteúdos não seria suficiente para consolidar o processo de aperfeiçoamento por meio da educação continuada, senão vejamos:

> Mas apenas o levar em consideração essas questões como premissas abstratas não cria mobilização para mudanças efetivas. O que é preciso conseguir é uma integração na ambiência de vida e de trabalho daqueles que participarão do processo formativo. Metaforicamente, diríamos que a alavanca tem que se integrar ao terreno para mover o que pretende mover.

Na perspectiva contrária, a formação continuada apresenta uma crítica específica, visto que, em muitas situações, o programa de formação é tratado como uma mercadoria ou como um substituto da educação formal, suprindo apenas as necessidades da empresa e, consequentemente, do mercado.

Quando analisamos a educação continuada nessa perspectiva, percebemos a educação apenas como um serviço, e não como sistema que trará benefícios para a sociedade como um todo. Nesse sentido, Raimann (2015, p. 38953) destaca que:

> aos modelos de formação hoje se deve às influências profundas do mundo da produção capitalista que avança sobre a educação de modo danoso, fazendo que ela deixe de ser encarada como um direito, tornando-se uma mercadoria escrava dos princípios do mercado, atrelada a um reducionismo economicista de sua função. Vista a educação como serviço, a escola e a universidade deixaram de ser percebidas como instituição e passaram a ser vistas como organização que também precisa produzir em escala, sem que se valorizem os contextos em que se dão tais práticas e as condições para a realização das mesmas.

Então, observamos que a produção da educação continuada tem mais vantagens que desvantagens, o que torna esse processo uma medida importante que se destaca pelas oportunidades de formação concedidas aos funcionários.

No entanto, há a necessidade de se levar em consideração alguns pontos de aprofundamento da aprendizagem, e não como mecanismo de estruturação de educação fundamental de um profissional, afinal, a educação continuada é distinta da educação formal em virtude de suas propostas específicas.

Sabendo das diferenças entre os métodos de educação, identificamos, nesse momento, os desafios que podem ser observados na implementação da educação continuada da empresa. Na sequência, veremos alguns dos desafios mais comuns, indicados por Raimann (2015).

O primeiro desafio é a atualização. As empresas devem manter-se atualizadas sobre as novidades do mercado. Dessa maneira, o desafio é identificar as novas demandas do mercado e da própria empresa, ou seja, avaliar se há condições de se implementar algum elemento no processo de formação continuada.

A rotina também é um desafio, pois, muitas vezes, a empresa acaba por extrapolar as horas trabalhadas do profissional, de modo a forçá-lo a ficar no ambiente de trabalho por mais tempo. É preciso perceber que a jornada de trabalho não pode ser exaustiva, prejudicando tanto a produtividade quanto o aproveitamento das informações que serão passadas no sistema de aperfeiçoamento.

Mais um desafio encontrado é a autoaprendizagem. Este é bastante conectado a tecnologia, pois a aprendizagem do profissional dependerá do próprio interesse do profissional e, para que isso ocorra, ele deve estar envolvido com a empresa e com a melhoria dos resultados.

Tecnologia também é um desafio. A empresa deve buscar sempre atualização tecnológica, no sentido de favorecer o acesso à informação pelos profissionais da empresa.

Exercício resolvido

A educação continuada é um método de aplicação da aprendizagem que tem vantagens e desvantagens. Analisando a aplicação do programa de educação continuada nas empresas, assinale a alternativa que indica corretamente um benefício gerado.

a) Acesso a novas tecnologias.
b) Massificação do conhecimento.
c) Substituição da educação superior.
d) Alternativa à educação formal.
e) Substituição de mão de obra.

GABARITO: A

Feedback: O aperfeiçoamento será aplicado a toda equipe, e a atualização acontecerá integralmente para todos os funcionários daquele setor; assim, eles estarão informados sobre as diretrizes apresentadas no programa de formação e, consequentemente, sobre as possíveis novidades e mudanças impostas pelo mercado competitivo.

3.4 Aplicação da educação continuada

Sabendo da importância que a educação continuada no ambiente corporativo, destacamos que essa formação tem uma estrutura diferenciada. Em muitas empresas, ela é desenvolvida por um setor específico, gerenciado pelo pedagogo empresarial. Nesse sentido, Santos et al. (2016, p. 2) apontam:

> A pedagogia contemporânea apresenta um cenário no qual a criticidade e a reflexão devem estar atreladas para inserir o pedagogo em outras áreas do mercado de trabalho. Exigindo que o pedagogo seja um profissional versátil, criativo, atuante e consciente de suas buscas. A realidade empresarial vem sentindo a falta desse profissional, que estimule de forma direta e indireta na eficácia do resultado qualitativo tanto na área empresarial quanto na humana.

Dessa maneira, é responsabilidade do próprio profissional a especificação do equilíbrio entre as necessidades do funcionário e da empresa. Assim, esse profissional terá a capacidade de sugerir mudanças no comportamento das pessoas que estão envolvidas no funcionamento da empresa.

> **Para saber mais**
>
> Outro motivo bastante comum para participar de um programa de educação continuada é a necessidade de adquirir ou aprimorar habilidades intersubjetivas necessárias ao bom desempenho profissional. Entre elas, destaca-se a de comunicar ideias em forma escrita e oral de modo adequado para subsidiar decisões. A ausência dessa habilidade leva as situações tais como a manifesta na recente queixa de um profissional, tecnicamente competente, de que o comitê divisor ao qual ele apresentava sua ideia "nem me deixou acabar de expor a minha proposta". Outra habilidade muito valorizada pelas organizações, atualmente, é a de trabalho em equipes multidisciplinares. Ela é imprescindível, por exemplo, para o desenvolvimento integrado de novos produtos. Observe-se que o aperfeiçoamento dessas habilidades não pode ser feito mediante aprendizagem individual. Requer um ambiente de grupo e um(a) facilitador(a) da aprendizagem que seja competente em gerir sua dinâmica, isto é, configura uma atividade formal de educação continuada (Santos, et al., 2016).

A Figura 3.5, a seguir, destaca que a empresa e o pedagogo que nela trabalha formarão um excelente conjunto de atuação, pois observam criteriosamente a demanda de que a organização precisa e aquela que pode ser realizada.

Figura 3.5 – Relação necessária entre pedagogo e empresa

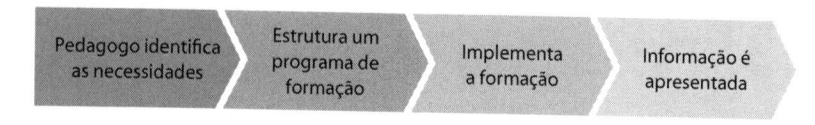

Pedagogo identifica as necessidades → Estrutura um programa de formação → Implementa a formação → Informação é apresentada

Fonte: Elaborado com base em Raimann, 2015.

Para entender a atuação direta do pedagogo empresarial no âmbito da empresa, citamos Santos et al. (2016, p. 2):

> A educação continuada torna-se cada vez mais um motivo de preocupação por parte de funcionários, os quais estão à mercê de um mercado de trabalho que exige competências e habilidades. Para tanto, a atuação do pedagogo é de fundamental importância para se concretizar este objetivo de formar cidadãos conscientes e críticos em sua atuação diária. O pedagogo em primeiro lugar, buscará conhecer a realidade da empresa e dos funcionários e assim, aliará ao seu planejamento, que será contínuo, novas ideias e novas sugestões para mudanças, através de treinamentos e reuniões constantes.

Diante do exposto, não há dúvidas sobre o importante papel que o pedagogo empresarial desempenha no cenário organizacional, no sentido de favorecer ao processo de articulação das necessidades da empresa. Isso se destinará à motivação do funcionário, com vistas a se obter melhores resultados com menos custos envolvidos.

Refletindo

"É o pedagogo que atuará na formação continuada, tocando e sensibilizando o indivíduo para que o mesmo se sinta responsável do seu verdadeiro papel dentro da empresa de forma participativa e produtiva, podendo ser o mediador para criar um clima de mútua confiança e reciprocidade entre todos, tendo como objetivo principal o lucro e a produtividade, sem esquecer da autossatisfação das pessoas de serem parte dessa construção. O pedagogo terá o papel de planejar estratégias que proporcione melhor qualidade de vida no trabalho, como processo de atitudes e comportamentos. Assim motivados, as pessoas participarão com mais entusiasmo, atingindo uma maior eficiência com resultados eficazes". (Santos et al., 2016, p. 9)

Portanto, o pedagogo deve ter uma formação profissional sólida, visto que as relações interpessoais serão tratadas com bastante prioridade. Nesse sentido, Ribeiro (2003, p. 35) afirma:

Em função de toda a mudança, ocorre a necessidade do pedagogo se tornar uma pessoa crítica e visionária capaz de se adaptar a mudanças, mais flexível, e que contribua efetivamente para o processo empresarial, com objetivo primordial de se apresentar de forma prática e teórica a função da área de treinamento e desenvolvimento de pessoal, bem como sua utilização para alcançar objetivos organizacionais. Transmitir técnicas de levantamento de necessidades, elaboração, mensuração, programas de treinamento. E também compreender e elaborar formas de mensurar resultados em treinamento e desenvolvimento.

Tendo compreendido a importância do pedagogo empresarial no processo de aplicação da educação continuada, pontuamos, agora, algumas medidas técnicas para o processo de implementação da educação continuada. Salm, Heidemann e Mengasso (2006, p. 133, grifo do original) informam:

Quanto aos processos de aprendizagem, as empresas praticam, sobretudo, duas abordagens para implementar sua política de educação continuada corporativa. As *abordagens usuais* reportam-se às práticas mais comumente empregadas por elas para o assim chamado 'desenvolvimento' de seus recursos humanos. Já as *abordagens não usuais* tratam, principalmente, de uma aprendizagem individual autônoma, reflexiva, experiencial, uma pesquisa-ação, uma pesquisa participante, no exercício do trabalho. Com base na literatura, pode-se analisar a educação continuada corporativa pela ótica de duas abordagens de implementação.

Portanto, as abordagens referenciadas são as usuais e as não usuais. A primeira relaciona-se com um método que se destina ao crescimento da mão de obra, ou seja, é um tipo de método mais voltado para os aspectos pessoais e técnicos do profissional no sentido mais coletivo, e a segunda destina-se aos aspectos mais individuais do profissional, baseando-se em uma postura mais autonomia e reflexiva do funcionário da empresa.

Independentemente do método (usual ou não usual) que será aplicado na educação corporativa, o pedagogo empresarial desempenha uma função essencial que precede a aplicação em si da proposta de formação da educação continuada, ou seja, deve cumprir algumas etapas importantes, no sentido de o programa de formação ser o adequado para o processo. Vejamos:

- **Realizar um diagnóstico sobre as necessidades que serão trabalhadas na empresa:** o pedagogo deve saber, exatamente, quais são as necessidades mais urgentes que devem ser trabalhadas no âmbito da formação continuada, definindo com precisão os elementos mais importantes e que merecem atenção nesse processo de formação. Portanto, o pedagogo deverá analisar amplamente o negócio da empresa, a fim de identificar os pontos que merecem ser trabalhados com maior afinco na equipe de trabalho.
- **Especificar os objetivos a serem alcançados da educação continuada:** tendo realizado o diagnóstico da empresa, é necessário especificar os objetivos que pretendem ser alcançados, visto que a ideia principal é aperfeiçoar a equipe de trabalho no sentido de se conseguir reduzir a quantidade de erros praticados pela equipe, ou seja, favorecer o melhoramento dos resultados da empresa.
- **Definir conteúdos:** definidos os objetivos a serem alcançados, o pedagogo, junto a toda a sua equipe, precisa especificar os conteúdos a serem trabalhados na execução do programa de formação. Ademais, é importante levar em consideração que o referido processo refere-se à especificação de estratégias práticas que podem ser aplicadas no desenvolvimento da formação, como é o caso das relações interpessoais.
- **Definir a metodologia de ensino:** após a especificação de todos os conteúdos que serão trabalhados no âmbito do programa de formação, é preciso escolher a forma pela qual o programa de formação

continuada será aplicado, visto que escolher um bom método favorece a transmissão do conteúdo para os alunos. É bastante comum, de acordo com Salm, Heidemann e Menegasso (2006), a empresa utilizar plataformas de educação a distância, ou ainda, estruturar um curso em determinado local – sugerimos um ambiente agradável, onde se favoreça a valorização do profissional.

- **Estruturar um cronograma de ensino**: é de extrema importância que toda a formação de educação continuada tenha data para iniciar e para terminar. Portanto, faz parte desse processo adequar a estratégia definida com um calendário de execução, para o acontecimento das aulas e de outras atividades, como é o caso de avaliação.
- **Acompanhar o desempenho dos colaboradores**: um grande desafio das etapas até então apresentadas é colher bons resultados no ato da realização da formação continuada. Nesse processo, o profissional deve levar a sério a formação a que está submetido, e uma maneira de verificar essa aprendizagem é a aplicação de medidas que possam mensurar o conhecimento. Isso poderá ocorrer por meio de métodos avaliativos adequados, portanto, deve ser criada uma estrutura capaz de verificar o nível de aproveitamento no processo de aprendizagem.

Verificadas as etapas da aplicação de educação continuada, é necessário compreender como ocorrerá a aplicação do método usual no âmbito da corporação. Assim, destacamos as seguintes medidas no âmbito da capacitação da gerência:

- **Aprendizagem induzida**: ocorre em situações estruturadas cujo objetivo principal é maximizar a eficácia dos processos de aquisição, retenção, generalização e transferência de novos conhecimentos, habilidades e atitudes (Salm; Heidemann; Mengasso, 2006).
- **Treinamento e desenvolvimento**: no âmbito da formação continuada, o treinamento deve focar no desenvolvimento amplo da equipe de trabalho, levando em consideração sempre conteúdo combinado com os demais aspectos sociais.
- **Reciclagem**: a formação continuada deve ponderar o processo de renovação de conteúdo e os interesses do profissional.

No âmbito do setor operacional, os métodos de formação continuada que predominam são:

- **Treinamento e capacitação técnica**: os treinamentos destinados ao corpo operacional da empresa devem considerar o aperfeiçoamento técnico dos profissionais.
- *Training-on-the-job*: tipo de treinamento que ocorrerá no ambiente de trabalho empresarial.
- **Atualização profissional**: a atualização deve ser pensada sempre de acordo com as exigências apresentadas no mercado.

> **Para saber mais**
>
> Para se aprofundar no estudo do tema, sugerimos a leitura do artigo de Thaís Zerbini e Gardênia Abbad "A aprendizagem induzida pela instrução em contexto de organizações e trabalho: uma análise crítica da literatura", disponível em: <http://pepsic.bvsalud.org/scielo.php?script=sci_arttext&pid=S1516-37172010000200003&lng=pt&nrm=iso>.

Além dos métodos apresentados, é bastante importante a participação tanto em reuniões quanto em palestras no sentido de estabelecer uma dinâmica de troca de experiências no âmbito da equipe. Ademais, a formação continuada pode ser aplicada em movimentos sociais ou associativos. Oliveira (1999, p. 10) afirma:

> As associações profissionais brasileiras atuam na promoção desse tipo de iniciativa, adaptando-se às características de cada região, normalmente, sem uma regularidade. Estas associações promovem, por exemplo: grupos de trabalhos, jornadas regionais, congressos e cursos de curta duração.

A Figura 3.6 mostra que a educação continuada usual tem um objetivo específico: favorecer a educação voltada para a coletividade.

Figura 3.6 – Educação continuada usual

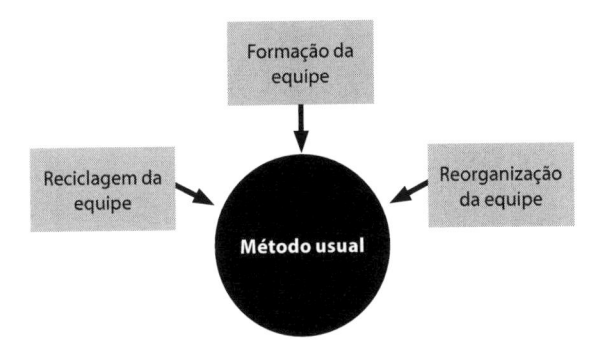

Formação da equipe

Reciclagem da equipe

Reorganização da equipe

Método usual

Fonte: Elaborado com base em Oliveira, 1999.

No caso da educação não usual, o programa da educação continuada deve acontecer de modo individual, com vistas a priorizar a reflexão do funcionário sobre o tipo de comportamento do profissional no âmbito da empresa. Será a possibilidade de analisar a reflexão a partir da ação dentro do ambiente empresarial. Por isso, em se tratando de uma questão que exige de uma percepção individual, não há de se falar em processo afastando a prática e reflexão.

Portanto, o método não usual, assim como o método usual, poderá ocorrer no sistema apresentado na perspectiva da gerência e nível operacional. A respeito dos aspectos relacionados à gerência, as medidas aplicadas, conforme Oliveira (1999, p. 10), são:

- Aprendizagem individual experienciada pela "reflexão-na-ação"
- "reflexão-sobre-a reflexão-na-ação"
- pesquisa-ação
- pesquisa participante (ênfase sobre a iniciativa autônoma do gerente)

No que se refere aos aspectos da formação continuada em nível operacional, destacam-se as seguintes medidas, quais sejam:

- reflexão-na-ação a partir de uma perspectiva individual;
- *learning-on-the-job*, em que o funcionário poderá aprender no âmbito dos aspectos que surgem no próprio trabalho. Para que a aprendizagem possa gerar bons efeitos, ressaltamos a necessidade de se

evidenciar sempre a autonomia do empregado. Por meio da aplicação dessa técnica, será possível identificar uma distribuição mais rápida no âmbito da realização do treinamento.

Ressaltamos que, diferentemente do método usual, a proposta de reflexão evidencia a valorização do crescimento individual do profissional, e não da equipe.

Obviamente, a partir do crescimento individual do profissional, é possível perceber o favorecimento coletivo de toda a equipe e, consequentemente, esse processo vai beneficiar amplamente a empresa, conforme observamos na Figura 3.7, a seguir.

Figura 3.7 – Implicações da educação não usual no âmbito coletivo

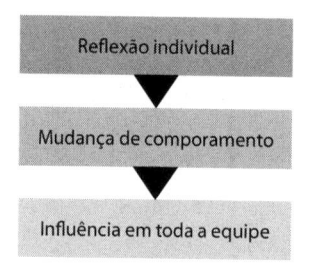

```
Reflexão individual
        ▼
Mudança de comporamento
        ▼
Influência em toda a equipe
```

Fonte: Elaborado com base em Oliveira, 1999.

Portanto, as empresas, ao aplicarem um dos métodos (usual ou não usual), devem estruturar um sistema estratégico que seja capaz de incluir os diversos cenários da empresa e, por isso, devem considerar os seguintes aspectos:

- Buscar oportunidades de empreendedorismo, no sentido de analisar qual solução deve ser aplicada em prol do atendimento das necessidades da empresa.
- Estruturar o processo de adaptação da empresa, tornando possível, por meio de medidas que não são claras, identificar e conceber possibilidades que venham a favorecer o crescimento da empresa.
- Definir o plano de ação, onde a empresa terá condições de compreender com clareza as etapas a serem cumpridas, no sentido de

compreender todos os objetivos e as metas. Esse plano de ação deve ser pensado a partir de situações passadas, mas visando sempre ao futuro, ou seja, ao melhoramento dos resultados da empresa.

Sobre esse último ponto, Mintzberg et al. (1990, p. 15, tradução nossa) afirmam: "As organizações tanto desenvolvem planos para seu futuro como derivam padrões de seu passado; assim, pode-se chamar a uma de estratégia pretendida e a outra de estratégia realizada".

Ainda sobre a estratégia que é pretendida e aquela que é realizada, Mintzberg et al. (1990, p. 15, tradução nossa) ressaltam "que nem todas as estratégias pretendidas se realizam. As intenções plenamente realizadas podem ser chamadas de estratégias deliberadas, enquanto as não realizadas, de estratégias irrealizadas".

O grande desafio do pedagogo na empresa é obter das pessoas o compromisso de mudanças constantes, pois ele atuará diretamente em treinamentos e programas de formação sustentando as mudanças e possibilidades de melhores resultados com melhor qualidade de vida. Portanto, o pedagogo é o profissional habilitado para propagar o processo da educação continuada, como veremos a seguir (Santos et al., 2016).

Exercício resolvido

Após as etapas da aplicação de educação continuada, há a necessidade de se compreender como ocorrerá a aplicação do método usual no âmbito da corporação. Assinale a alternativa que indica um tipo de ação que pode ser aplicada como método usual.

a) Aprendizagem induzida.
b) Treinamento unilateral.
c) Supressão do profissional.
d) Acompanhamento do gerenciamento.
e) Opressão dos funcionários.

GABARITO: A

Feedback: Em situações estruturadas, cujo objetivo principal é maximizar a eficácia dos processos de aquisição, retenção, generalização e transferência de novos conhecimentos, habilidades e atitudes (Salm; Heidemann; Mengasso, 2006).

Síntese

* A educação continuada é processo de extrema importância no âmbito do melhoramento das atividades da empresa.
* A educação continuada não pode ser considerada alternativa para a educação formal.
* O profissional pode ser beneficiado com práticas da formação empresarial continuada.
* O profissional responsável pela estruturação e aplicação da educação continuada é o pedagogo empresarial.
* A formação continuada pode ser realizada por meio de métodos individuais ou coletivos.
* A educação continuada pode ter vantagens e desvantagens em seu processo de aplicação.
* O programa de formação continuada por ser implementado mediante método usual ou não usual.

4 Interdisciplinaridade no ambiente corporativo

Conteúdos do capítulo:

- Saberes interdisciplinares no ambiente corporativo.
- Classificação do processo interdisciplinar.
- Educação profissional por meio de cursos técnicos de formação inicial.

Após o estudo deste capítulo, você será capaz de:

- entender os saberes interdisciplinares no ambiente corporativo;
- identificar a classificação do processo interdisciplinar;
- analisar a educação profissional realizada em cursos técnicos de formação inicial.

Neste capítulo, você deverá utilizar os conhecimentos anteriores sobre pedagogia empresarial, andragogia, formação profissional de maneira permanente e continuada, pois, como veremos, tais conteúdos estão relacionados ao funcionamento da interdisciplinaridade no ambiente empresarial.

Será possível, portanto, compreender os aspectos relacionados com a definição e a importância da interdisciplinaridade sob uma perspectiva empresarial. Dessa maneira, a análise terá como ponto de partida a compreensão do que é prática interdisciplinar e da aplicação desse instrumento no âmbito empresarial.

Tendo em vista que existe uma possibilidade de se aplicar a interdisciplinaridade na realidade empresarial, convém destacarmos os benefícios que poderão ser identificados, para que, em seguida, seja possível compreender as classificações utilizadas nesse processo.

Em seguida, abordaremos a atuação do pedagogo como profissional capaz de mobilizar os saberes de modo interdisciplinar no ambiente empresarial por meio de técnicas procedimentais próprias. Ademais, o estudo versará sobre as etapas que o pedagogo deverá aplicar no sentido de conseguir estruturar um bom programa de formação para a equipe de trabalho.

Por fim, o estudo irá ser composto por situações práticas da vida real, a fim de se compreender como poderá ser estruturada a dinâmica da educação profissional, tendo por base as atividades desempenhadas pelo pedagogo empresarial.

4.1 Aspectos conceituais gerais sobre interdisciplinaridade no âmbito da educação

Como já mencionamos, o processo de aprendizagem é de extrema importância para a solidificação do desenvolvimento de uma sociedade, em vários aspectos, incluindo a aprendizagem no ambiente empresarial.

No contexto empresarial, é fundamental estruturar um plano de ação voltado para a formação da equipe de profissionais da empresa, de modo a perceber que há muitos benefícios para o desempenho da organização quando se ampliam as possibilidades de formação profissional.

A formação empresarial, para além de ser essencial, não pode limitar-se a um momento específico, sendo importante a implementação de um sistema continuado de aprendizagem.

> **O que é?**
>
> *Educação* é todo ato ou efeito de educar, disciplinar, instruir um indivíduo. Assim, por meio do processo educacional, torna-se possível perceber a construção de costumes, valores e hábitos de determinada sociedade, os quais podem ser transferidos por gerações.

O profissional deverá acompanhar as mudanças que podem ser observadas no cenário político, econômico e social e se adequar a elas, conforme verificamos na Figura 4.1, a seguir.

Figura 4.1 – Aperfeiçoamento da equipe de profissionais na empresa

- Mudanças sociais, políticas e econômicas
- Exigem aperfeiçoamento da equipe de trabalho
- E por meio da formação continuada
- A equipe melhora o desempenho
- E melhora os resultados

Fonte: Elaborado com base em Oliveira, 2012.

Dessa maneira, pensar no processo de aperfeiçoamento das habilidades no ambiente empresarial desperta a necessidade de associar a interdisciplinaridade como ferramenta necessária para a compreensão, de maneira ampla, do funcionamento do mercado. Oliveira (2012, p. 10) informa que "a compreensão da metodologia interdisciplinar como método, contribuirá para a reflexão e encaminhamento na solução de dificuldades relacionada ao ensino – aprendizagem".

Portanto, a interdisciplinaridade é uma ferramenta relevante para o desenvolvimento das atividades realizadas no âmbito da formação pedagógica empresarial, pois o profissional será capaz de compreender amplamente o funcionamento de suas atribuições a partir do aperfeiçoamento de conteúdo.

A interdisciplinaridade favorece a percepção de que os conteúdos podem ser apresentados de maneira integrativa, onde será possível compreender determinado conteúdo sob uma perspectiva diferenciada, por meio da qual seja possível apreciar com um olhar aprofundado as experiências construídas no ambiente de trabalho. Nesse sentido, Fazenda (1994, p. 29) destaca:

> a interdisciplinaridade visa garantir a construção de um conhecimento globalizante, rompendo com as fronteiras das disciplinas. Para isso, integrar conteúdos não seria suficiente. É preciso, também uma atitude interdisciplinar, condição está, a nosso ver, manifestada no compromisso profissional do educador, no envolvimento com os projetos de trabalho, na busca constante de aprofundamento teórico e, sobretudo, na postura ética diante das questões e dos problemas que envolvem o conhecimento.

Quando essa conexão ocorre, não se pode deixar de notar a profundidade das experiências que são construídas com a aprendizagem, visto que ela será proposital, já que tem relação com as experiências cotidianas.

Perguntas & respostas

Qual a importância da metodologia interdisciplinar no processo de ensino e aprendizagem?

No âmbito do processo de construção do conhecimento, a utilização de uma metodologia interdisciplinar favorece o desenvolvimento de uma percepção ampla das competências que serão abordadas. Portanto, a interdisciplinaridade torna a compreensão mais ampla e dinâmica, viabilizando a construção de fatores integrais que favoreçam o desempenho das pessoas que buscam o aperfeiçoamento e, no caso de ser um processo aplicável no âmbito empresarial, ocorrerá benefícios no desempenho global das atividades empresariais.

Não podemos deixar de compreender o aperfeiçoamento das habilidades nesse processo de aprendizagem interdisciplinar, já que o profissional, ao analisar as realidades a partir de uma conjuntura não restrita, terá condições de comparar a mesma realidade sob diversas perspectivas, estimulando, especialmente, a criatividade do profissional.

Nesse contexto, a empresa será bastante beneficiada, pois o profissional conseguirá aplicar os conhecimentos adquiridos valorizando sempre outras maneiras de encontrar uma solução adequada.

Assim, pensar na criação de espaços institucionalizados que compreendam a interdisciplinaridade como elemento de substancial importância se torna o ponto de inflexão no aperfeiçoamento da mão de obra de profissionais no âmbito empresarial.

Nesse sentido, de acordo com Paviani (2018), a interdisciplinaridade produz bons resultados no cenário da aprendizagem, visto que a flexibilidade no processo de aprendizagem está presente, contrariando os aspectos tradicionais.

> A origem da interdisciplinaridade está nas transformações dos modos de produzir a ciência e de perceber a realidade e, igualmente, no desenvolvimento dos aspectos político administrativos do ensino e da pesquisa nas organizações e instituições científicas. Mas, sem dúvida, entre as causas principais estão a rigidez, a artificialidade e a falsa autonomia das disciplinas, as quais não permitem acompanhar as mudanças no processo pedagógico e a produção de conhecimento novos. (Paviani, 2008, p. 14)

Dessa maneira, aplicar uma medida interdisciplinar no ambiente corporativo é fomentar uma postura capaz de criar um desenvolvimento amplo no processo de resolução de questões que surgem, cotidianamente, no cenário empresarial.

Ao analisar os aspectos que decorrem da aplicação de questões interdisciplinares, em razão de todos os problemas individuais e sociais se encontrarem em um sistema interdisciplinar, não há como se afastar da aplicação das referidas medidas no ambiente empresarial.

Exemplificando

Vejamos o caso de uma grande empresa localizada no norte de Minas Gerais. Pensando na proteção ao meio ambiente, informatizou todas as atividades, com vistas tanto a reduzir a quantidade de papel utilizado pelas equipes de trabalho quanto a tornar mais céleres suas operações. No entanto, para que isso seja possível, a empresa decide realizar um curso de aperfeiçoamento sobre práticas de sustentabilidade, de proatividade e, em especial, de sistemas informáticos. Nesse caso, a formação almejada pela empresa é um mecanismo amplo para aplicar medidas voltadas para o melhoramento das atividades da empresa e, ainda, da própria sociedade.

Com a adoção de medidas interdisciplinares, as empresas propiciam a construção de um conjunto de situações voltadas para a identificação de uma solução adequada no âmbito empresarial, e a equipe torna-se criativa, colaborativa, inovadora e persistente. Esse aperfeiçoamento das atividades desempenhadas pelas equipes de trabalho que compõem a empresa acabará por favorecer os números de atividades da empresa.

> A interdisciplinaridade supõe um eixo integrador, que pode ser o objeto de conhecimento, um projeto de investigação, um plano de intervenção. Nesse sentido, ela deve partir da necessidade sentida pelas escolas, professores e alunos de explicar, compreender, intervir, mudar, prever, algo que desafia uma disciplina isolada e atrai a atenção de mais de um olhar, talvez vários. (Brasil, 2002, p. 88-89)

Entretanto, apesar de ser um método bom para o melhoramento das atividades desenvolvidas na empresa, nem sempre a equipe está disposta a aprender de maneira ampla, e a coletividade se torna essencial para que a interdisciplinaridade seja aplicada efetivamente.

Para saber mais

Para entender melhor a importância da interdisciplinaridade da sustentabilidade no ambiente empresarial, indicamos a leitura da dissertação de mestrado de Laurelena Crescencio Palhano: "Interdisciplinaridade da sustentabilidade empresarial". O cenário empresarial, mesmo que complexo, pode adotar uma perspectiva sustentável e, para que isso aconteça, a aplicação de métodos amplos e integrativos é fundamental, visto que a confluência das informações e, consequentemente, do conhecimento, pode ser considerada uma ferramenta eficaz para o favorecimento do desempenho empresarial. O trabalho está disponível no *link*: <http://objdig.ufrj.br/60/teses/coppe_m/LaurelenaCrescencioPalhano.pdf>.

Reforçamos que o processo a ser aplicado nas formações empresariais deve conter elementos da interdisciplinaridade, ou seja, deve ser um processo coordenado e integrado, pois, ao se pensar de modo amplo, a eficácia do processo educacional no sistema empresarial será de destaque.

Nesse sentido, sobre a importância da conexão entre interdisciplinaridade e aprendizagem no ambiente empresarial, na Figura 4.2, a seguir, percebemos como a interdisciplinaridade utilizada no processo educacional favorece o desempenho dos profissionais.

Figura 4.2 – Interdisciplinaridade e aprendizagem

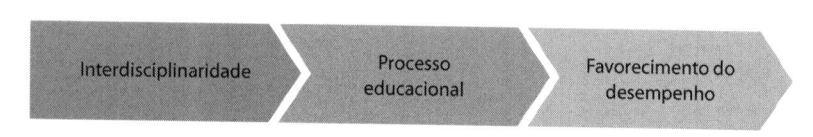

Interdisciplinaridade → Processo educacional → Favorecimento do desempenho

Fonte: Elaborado com base em Goldman, 1979.

Sugerimos a análise das informações apresentadas por Goldman (1979, p. 15) no que se refere aos benefícios da interdisciplinaridade:

> um olhar interdisciplinar sobre a realidade permite que entendamos melhor a relação entre seu todo e as partes que a constituem. Para ele, apenas o modo dialético de pensar, fundado na historicidade, poderia favorecer maior integração entre as ciências. Nesse sentido, o materialismo histórico e dialético resolveu em parte o problema da fragmentação do conhecimento quando colocou a historicidade e as leis do movimento dialético da realidade como fundamentos para todas as ciências. Desde então, o conceito de interdisciplinaridade vem sendo discutido nos diferentes âmbitos científicos e muito fortemente na educação. Sem dúvida, tanto as formulações filosóficas do materialismo histórico e dialético quanto as proposições pedagógicas das teorias críticas trouxeram contribuições importantes para esse novo enfoque epistemológico.

Quando não conseguimos identificar essa amplitude da aplicação integrativa de elementos, o processo da educação empresarial poderá não ser bem-sucedido. A Figura 4.3 mostra essa situação.

Figura 4.3 – Falha na educação interdisciplinar

[Diagrama circular com os elementos: Conteúdo A, Conteúdo B, Conteúdo C, Informações separadas, Individualidade, Insucesso da equipe]

Fonte: Elaborada com base em Brasil, 2002.

A interdisciplinaridade, mesmo importante no processo da educação empresarial, reveste-se de complexidade, visto que a construção da aprendizagem depende de como as partes envolvidas se abrem para o novo, ou seja, quando a equipe de trabalho está disposta a se envolver nesse processo.

Um exemplo seria uma empresa que organiza um programa de aperfeiçoamento e, ao informar aos funcionários, existe uma mobilização positiva no processo de participação no programa de formação.

4.2 Tipos de interdisciplinaridade

Tendo compreendido o significado de interdisciplinaridade, vamos ver agora sua classificação.

Interdisciplinaridade heterogênea

Decorre da unificação de várias informações distintas de origens diversas. Carlos (2007, p. 4) informa que interdisciplinaridade é "uma espécie de enciclopedismo, baseada na 'soma' de informações procedentes de diversas disciplinas. Pertencem a esse tipo os enfoques de caráter enciclopédico, combinando programas diferentemente dosados. Tais programas objetivavam garantir uma formação ampla e geral".

A Figura 4.4 representa o processo de funcionamento da interdisciplinaridade heterogênea.

Figura 4.4 – Funcionamento da interdisciplinaridade heterogênea

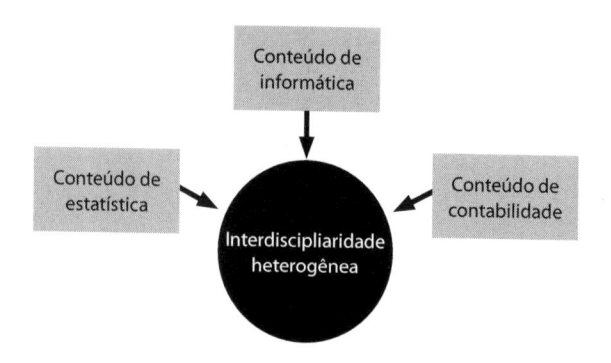

```
                    Conteúdo de
                    informática
                         │
                         ▼
Conteúdo de   →   Interdisciplinaridade   ←   Conteúdo de
estatística          heterogênea               contabilidade
```

Fonte: Elaborado com base em Carlos, 2007.

O processo de compreensão das informações que são apresentadas na interdisciplinaridade heterogênea é importante para se trabalhar determinadas necessidades na equipe de trabalho que estejam relacionadas com mais de uma competência, ou seja, quando as informações trabalhadas pela equipe de trabalho não se fecham sem si mesmo, mas se encontram conectadas com várias informações.

Para saber mais

Para complementar o aprendizado sobre o processo de interdisciplinaridade, sugerimos o vídeo "O que é interdisciplinaridade?", de Jefferson Antunes.

PESQUISA & JOGOS. **O que é interdisciplinaridade**. Disponível em: <https://youtu.be/TfsrKbxSSTs>. Acesso em: 28 out. 2021.

Pseudo-interdisciplinaridade

Nesse tipo de interdisciplinaridade, observamos a criação de uma disciplina padrão que será a ligação entre as demais. Esse modelo é bastante utilizado para analisar as diversas questões apresentadas no mesmo plano de funcionamento disciplinar e, assim, serve como campo neutro no sentido de abarcar todas as demais informações que são apresentadas pelas outras disciplinas. De acordo com Carlos (2007, p. 4):

> O nexo de união é estabelecido em torno de uma espécie de "metadisciplina". Neste caso existe uma estrutura de união, normalmente um modelo teórico ou um marco conceitual, aplicado para trabalhar em disciplinas muito diferentes entre si.

Dessa maneira, pertencem a esse tipo as diversas tentativas de utilização de certos instrumentos conceituais e de análise, considerados epistemologicamente "neutros", para fins de associação das disciplinas, todas devendo recorrer aos mesmos instrumentos de análise que seriam o denominador comum das pesquisas.

Contudo, muito embora esse modelo observe a necessidade de congregar informações específicas e necessárias entre os conteúdos a serem trabalhados na empresa, não podemos deixar de ponderar que, no âmbito empresarial, talvez a medida não seja eficaz, pois o empreendimento interdisciplinar depende da integração completa das informações, e não da construção de uma informação nova.

A pseudo-interdisciplinaridade é formada a partir da conjugação de informações apresentadas por conteúdo específicos e, assim, observa-se a criação de um novo conteúdo. Vejamos a Figura 4.5.

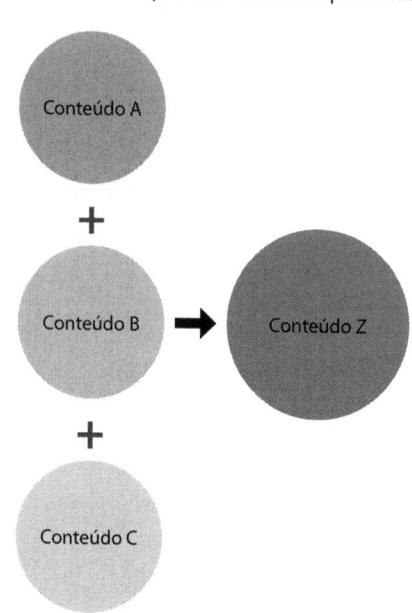

Figura 4.5 – Funcionamento da pseudo-interdisciplinaridade

```
        Conteúdo A
             +
        Conteúdo B  →  Conteúdo Z
             +
        Conteúdo C
```

Fonte: Elaborado com base em Japiassu, 1976, p. 43.

Para alguns autores, como Japiassu (1976), a pseudo-interdisciplinaridade não é um sistema puramente interdisciplinar, e por isso acredita-se que, no âmbito empresarial, os profissionais tenham dificuldade não apenas de compreender, mas essencialmente de aplicar as diretrizes apresentadas na formação.

Interdisciplinaridade auxiliar

Esse método é bastante utilizado em várias situações do cotidiano profissional, em razão de não se destacar pelos conteúdos, mas sim pelos procedimentos. Nesse caso, funciona como uma modalidade de empréstimo de um método de ação de uma área de conhecimento por outra área.

Por meio desse sistema, será possível perceber que é prática cotidiana de qualquer profissional, como é o caso do pedagogo empresarial que, precisando aplicar medidas organizacionais na equipe de trabalho, utiliza a aplicação de conhecimentos da psicologia.

Por fim, conforme mostra a Figura 4.6, a seguir, na interdisciplinaridade auxiliar, a ciência é utilizada para complementar outras informações e teorias do mesmo sistema de formação. Quando se define a aplicação de determinado conteúdo, ele depende de um procedimento específico que vai ser encontrado em outro conteúdo e, portanto, deve ser considerado como sistema complementar do conteúdo inicial.

Figura 4.6 – **Funcionamento da interdisciplinaridade auxiliar**

- Conteúdo "A" ao ser aplicado
- Depende de um método específico do conteúdo "B"
- Sistema complementar

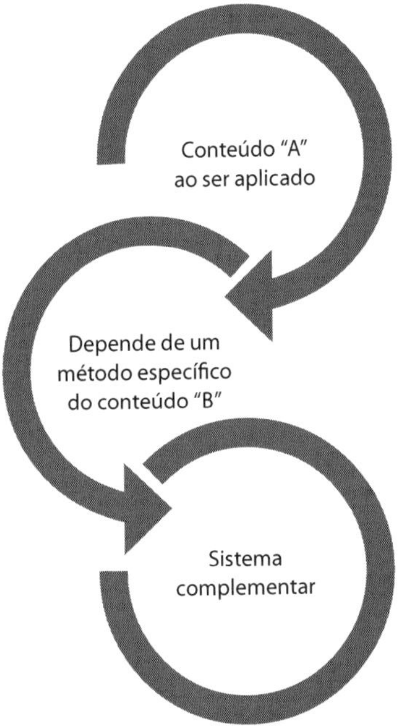

Fonte: Elaborado com base em Japiassu, 1976.

Em uma atitude interdisciplinar, toda ciência é complemento de outra, e não apenas se vale de teorias ou métodos. Por isso, o profissional responsável pela aplicação do programa de formação na equipe de trabalho deve compreender o conjunto de modo integrativao, ou seja, ser capaz de identificar qual o conteúdo que deve ser aplicado no caso concreto e, ainda, ter condições de identificar o procedimento mais coerente para o caso apresentado na empresa.

Exercício resolvido

O processo a ser aplicado nas formações empresariais deve conter elementos de interdisciplinaridade, ou seja, deve ser um processo coordenado e integrado visando à eficácia do processo educacional no sistema empresarial. Assinale a alternativa que indica um benefício que surge com o processo interdisciplinar.

a) Integração do conhecimento.
b) Criação de uma nova disciplina.
c) Facilitação de novas contratações.
d) Supressão de alternativas inovadoras.
e) Momento para pedir aumento de salário.

GABARITO: A

Feedback: A interdisciplinaridade favorece a percepção de que os conteúdos podem ser apresentados integrativamente, sendo possível compreender um conteúdo sob uma perspectiva diferenciada, apreciando com um olhar aprofundado as experiências construídas no ambiente de trabalho. O benefício, é, portanto, a integração do conhecimento.

Interdisciplinaridade compósita

Esse método é bastante utilizado no âmbito empresarial quando se necessita encontrar uma solução conjunta para determinado problema, ou seja, quando a empresa se depara com um problema específico e, para que a resolução seja identificada, torna-se essencial que todas as áreas trabalhem em conjunto para encontrar uma solução adequada. Nesse sentido Carlos (2007, p. 5) destaca:

> É levada a efeito quando se trata de resolver os grandes e complexos problemas colocados pela sociedade atual: guerra, fome, delinquência, poluição dentre outros. Trata-se de reunir várias especialidades para encontrar soluções técnicas tendo em vista resolver determinados problemas, apesar das contingências históricas em constante mutação.

O funcionamento desse tipo de interdisciplinaridade decorre de informações específicas das áreas, sem, contudo, renunciar à autonomia necessária para o funcionamento. A Figura 4.7, a seguir, mostra o funcionamento da interdisciplinaridade compósita, sendo possível notar que a junção de várias informações de conteúdos distintos serve para auxiliar a empresa na resolução de problemas.

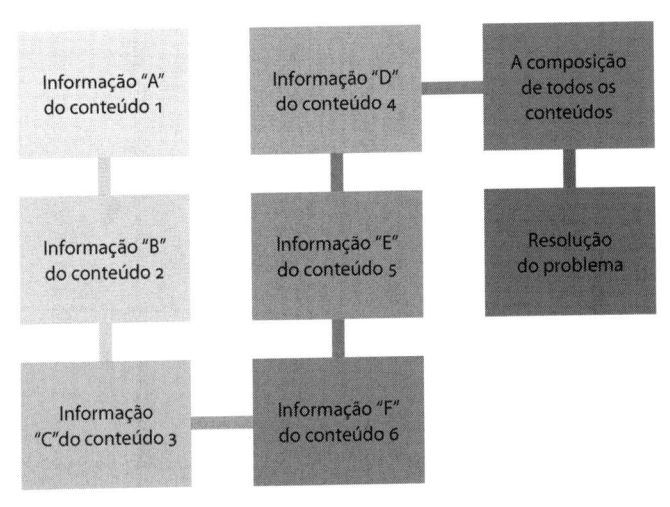

Figura 4.7. – Funcionamento da interdisciplinaridade compósita

Informação "A" do conteúdo 1	Informação "D" do conteúdo 4	A composição de todos os conteúdos
Informação "B" do conteúdo 2	Informação "E" do conteúdo 5	Resolução do problema
Informação "C" do conteúdo 3	Informação "F" do conteúdo 6	

Fonte: Elaborado com base em Carlos, 2007.

Logo, parte dos conteúdos é utilizada de maneira que, quando se unem, há a composição de um conjunto integral que poderá ser empregado para encontrar uma solução adequada para o problema que a empresa enfrenta.

Interdisciplinaridade unificadora

É uma proposta que se destina ao processo de compreender diversos tipos de informações acadêmicas com a integração entre vários níveis teóricos que se correspondem, como é o caso, por exemplo, da biofísica, em que é possível identificar tanto elementos da física quanto da biologia, ou da bioquímica (biologia e química), da físico-química (física e química), do direito digital (direito e tecnologia da informação).

O funcionamento desse processo depende de uma relação de coerência entre as áreas de atuação, devendo, portanto, sempre haver integração entre os aspectos teóricos e os procedimentais.

Apesar de esse tipo de método ser bastante utilizado na pesquisa científica, pode ser aplicado no sistema empresarial, visto que, em algumas situações, a análise unificadora do conteúdo depende do tipo da empresa. Para compreendermos melhor o funcionamento dessa espécie, pensemos no caso de uma empresa que destina ao fabrico de cadernos e precisa aplicar medidas urgentes para se inserir no plano de redução de gases poluentes.

Nesse caso, a empresa precisará de profissionais da biologia, da engenharia de materiais, da mecânica, do direito, da farmácia e química industrial, pois cada um vai apresentar seus conhecimentos em prol de resolver a questão em pauta para, em seguida, ser possível definir um denominador comum. Nesse sentido:

> Um trabalho interdisciplinar, antes de garantir associação temática entre diferentes disciplinas – ação possível, mas não imprescindível –, deve buscar unidade em termos de prática docente, ou seja, independentemente dos temas/assuntos tratados em cada disciplina isoladamente. Em nossa proposta, essa prática docente comum está centrada no trabalho permanentemente voltado para o desenvolvimento de competências e habilidades, apoiado na associação ensino–pesquisa e no trabalho com diferentes fontes expressas em diferentes linguagens, que comportem diferentes interpretações sobre os temas/assuntos trabalhados em sala de aula. Portanto, esses são os fatores que dão unidade ao trabalho das diferentes disciplinas, e não a associação das mesmas em torno de temas supostamente comuns a todas elas. (Brasil, 2002, p. 21-22)

Vejamos, na Figura 4.8, que os diversos conhecimentos identificados em cada espécie de conteúdo servirão como processo de basilar para definir uma solução adequada na empresa e, portanto, será necessária a unificação de todas as informações.

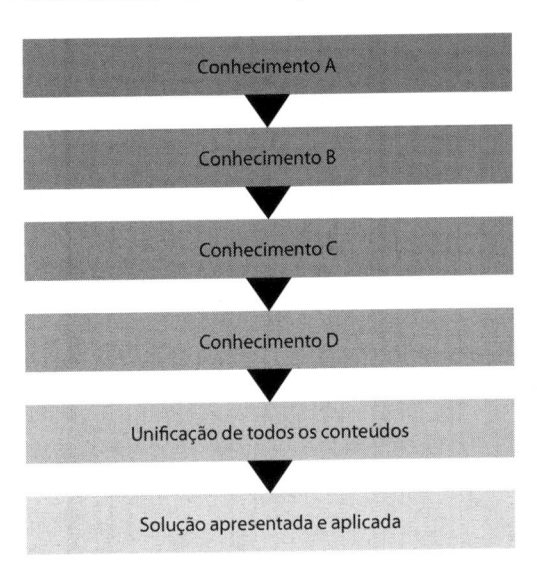

Figura 4.8 – Funcionamento da interdisciplinaridade unificadora

```
Conhecimento A
      ▼
Conhecimento B
      ▼
Conhecimento C
      ▼
Conhecimento D
      ▼
Unificação de todos os conteúdos
      ▼
Solução apresentada e aplicada
```

Fonte: Elaborado com base em Carlos, 2007.

Analisando as informações apresentadas na figura, inferimos o caráter instrumental e utilitarista dessa espécie de interdisciplinaridade e, por isso, é bastante utilizada no meio empresarial.

Exemplificando

No século XX, o desenvolvimento científico e tecnológico se tornou o ponto principal de várias áreas profissionais e, em razão disso, muito pôde ser descoberto, criado e recriado. Vamos lembrar o caso da criação da bomba atômica: mesmo sendo instrumento de destruição, no decorrer da Segunda Guerra Mundial, seu processo de construção demandou vários conhecimentos específicos. Para finalizar esse projeto, foi necessário um amplo conjunto de análise de conteúdo, teorias e procedimentos de áreas distintas, inclusive no que se refere às consequências da respectiva explosão. Portanto, esse instrumento foi meticulosamente estruturado para que se pudesse atingir determinado fim, que, no caso, era a morte de várias pessoas (Carlos, 2007).

4.3 Aplicação da interdisciplinaridade

Sabendo que a interdisciplinaridade é de extrema importância para o processo de favorecimento da aprendizagem no ambiente corporativo, vamos compreender seu funcionamento como elo entre aprendizagem, aplicação e favorecimento das atividades desempenhadas pela empresa, conforme observamos na Figura 4.9, a seguir.

Figura 4.9 – Aprendizagem e o favorecimento das empresas

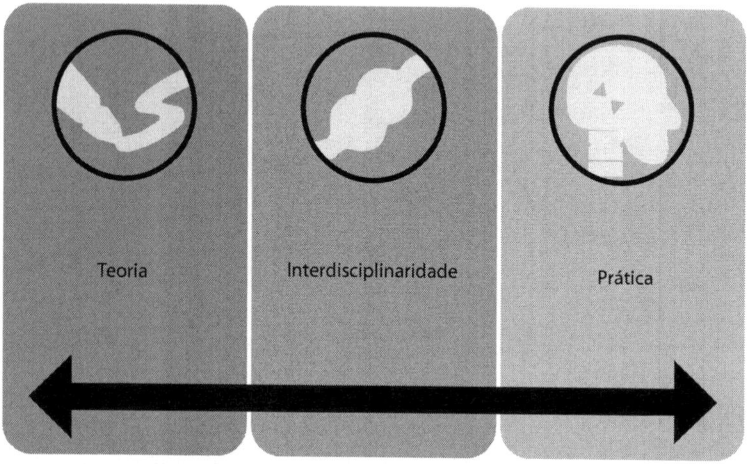

Teoria — Interdisciplinaridade — Prática

Fonte: Elaborado com base em Brasil, 2002.

Essa figura mostra a conexão entre as informações apresentadas no processo de formação na área empresarial, de modo a informar que é um instrumento convidativo para um processo de reflexão sobre as mais variadas formas mediante um sistema inovador, conforme especificam Bonatto et al. (2012):

> a interdisciplinaridade é um elo entre o entendimento das disciplinas nas suas mais variadas áreas. Sendo importante, pois, abrangem temáticas e conteúdos permitindo dessa forma recursos inovadores e dinâmicos, onde as aprendizagens são ampliadas. O exercício interdisciplinar vem sendo

considerado uma integração de conteúdos entre disciplinas do currículo escolar, sem grande alcance e sem resultados convincentes.

Assim, estabelecendo esse elo, há uma construção conjunta de múltiplos processos de aprendizagem que facilita o aperfeiçoamento da mão de obra desenvolvida pelos funcionários da empresa. Nesse sentido, Sperber (2003, citado por Cesco; Moreira; Lima, 2014, p. 61) observa:

> Sob esse aspecto, os objetos e/ou áreas de interesse dos diferentes programas de aperfeiçoamento precisam ter seu peso muito bem dimensionado, pois nós dificilmente discutimos a interdisciplinaridade per se. O que fazemos são análises e interpretações acerca de um objeto e, para tanto, buscamos estabelecer a colaboração entre a filosofia, a psicologia, a linguística, a antropologia e outras áreas.

É bastante perceptível que as abordagens apresentadas no âmbito da prática interdisciplinar se sobressaem pela ampliação do processo de aprendizagem, pois será possível compreender uma revisão de pensamento sobre o que deve ser aplicado e como deve ser aplicado.

Portanto, não podemos pensar em perda de conteúdo no processo de aprendizagem, pois, pelo contrário, haverá um melhoramento no processo de construção do saber. Vejamos o que afirma Thiesen (2008):

> O pensamento e as práticas interdisciplinares, tanto nas ciências em geral quanto na educação, não põem em xeque a dimensão disciplinar do conhecimento em suas etapas de investigação, produção e socialização. O que se propõe é uma profunda revisão de pensamento, que deve caminhar no sentido da intensificação do diálogo, das trocas, da integração conceitual e metodológica nos diferentes campos do saber.

Para que esse equilíbrio possa acontecer, ou seja, que haja a devida integração no âmbito do processo a ser realizado no decorrer do programa de formação, é importante que alguns elementos sejam levados em consideração, quais sejam: (i) síntese; (ii) profundidade; (iii) amplitude.

Salientamos que a informação a ser aplicada no programa de formação empresarial não pode ser extensa, pois o período que deve funcionar é curto e, por isso, a equipe precisa apreender as informações da maneira mais profunda que puder para que saber aplicar em uma perspectiva mais ampla.

Quando pensamos nesses elementos, inferimos que a interdisciplinaridade depende de um conjunto de atitudes essenciais para o processo, conforme especifica Fazenda (1994, p. 82):

> Entendemos por atitude interdisciplinar, uma atitude diante de alternativas para conhecer mais e melhor; atitude de espera ante os atos consumados, atitude de reciprocidade que impele à troca, que impele ao diálogo – ao Jairo Gonçalves Carlos Interdisciplinaridade no Ensino Médio: desafios e potencialidades 8 diálogo com pares idênticos, com pares anônimos ou consigo mesmo – atitude de humildade diante da limitação do próprio saber, atitude de perplexidade ante a possibilidade de desvendar novos saberes, atitude de desafio – desafio perante o novo, desafio em redimensionar o velho – atitude de envolvimento e comprometimento com os projetos e com as pessoas neles envolvidas, atitude, pois, de compromisso em construir sempre da melhor forma possível, atitude de responsabilidade, mas, sobretudo, de alegria, de revelação, de encontro, de vida.

Portanto, um programa de formação interdisciplinar vai apresentar a incorporação dos resultados de várias especialidades, mas que se relacionam entre si e que ainda sejam capazes de alcançar soluções para os problemas que surgem nas empresas e, dessa forma, implementar medidas práticas que venham a mudar positivamente a cultura organizacional.

> No processo de compreensão da prática interdisciplinar, deve ser levado em consideração pontos importantes, como é o caso de estudos que se referem a compreensão da localização e ainda, da própria compreensão sobre o conteúdo, visto que um processo interdisciplinar requer uma dinâmica ampla de informações, para que não se limite a questões que, embora importantes, não podem funcionar sozinhas. (Sperber, 2003, tradução nossa)

4.3.1 Etapas de um programa de formação interdisciplinar

Para a construção do sistema interdisciplinar, deve-se aplicar as etapas necessárias no processo de formação educacional a partir de medidas interdisciplinares.

O ponto principal a ser observado é que tanto o ensino quanto a aprendizagem só terão bons resultados quando os profissionais das mais variadas equipes de trabalho de determinada empresa se abrirem para a mudança de comportamento.

E, para que isso seja finalmente alcançado, é preciso cumprir algumas etapas específicas, quais sejam: (i) identificação das necessidades apresentas pela equipe de trabalho; (ii) análise das áreas que serão trabalhadas com os profissionais da equipe de trabalho; (iii) sistematização dos conteúdos de maneira integrada; (iv) pesquisa e aprofundamento dos conteúdos que serão trabalhados; (v) planejamento prático e integrativo e (vi) verificação da aplicação do conteúdo na prática empresarial.

Por isso, o profissional da pedagogia empresarial, o responsável por dar as diretrizes de funcionamento do programa de aperfeiçoamento, deverá envidar esforços no sentido de atravessar possíveis desafios de uma equipe pouco integrada, apática e inflexível.

Assim, além das questões que devem ser trabalhadas com o conteúdo quando da execução de um programa de aperfeiçoamento por parte de uma empresa, o pedagogo deve buscar um espaço que proporcione a liberdade de aprendizado do funcionário e que, ainda, possibilite a compreensão da importância, para a empresa, de passar por esse processo de aperfeiçoamento profissional. Nesse sentido, Bursztyn (1999, p. 231) esclarece:

> Em vista da relevância e da complexidade dos pontos acima enfocados, um grupo de profissionais vinculados a instituições de ensino e pesquisa que atuam de forma interdisciplinar com foco em Ambiente e Sociedade, vem mantendo um ativo debate em torno da necessidade de se constituir um espaço institucional próprio. Não se trata de mais uma associação disciplinar: todos temos nossas origens, que nos habilitam a participar de instâncias corporativas. A ideia é termos um polo real de interação, troca de experiências e socialização de resultados. E é, também, uma forma de nos fazermos reconhecer junto à Universidade a ao sistema de apoio, fomento e avaliação.

Exercício resolvido

Analise o trecho do artigo de Bursztyn (1999, p. 229).

O pensamento e as práticas interdisciplinares, tanto nas ciências em geral quanto na educação, não põem em xeque a dimensão disciplinar do conhecimento em suas etapas de investigação, produção e socialização. O que se propõe é uma profunda revisão de pensamento, que deve caminhar no sentido da intensificação do diálogo, das trocas, da integração conceitual e metodológica nos diferentes campos do saber.

Agora, assinale a alternativa que indica corretamente o benefício da aplicação de um método interdisicplinar no ambiente empresarial.

a) Proporcionalidade dos efeitos organizacionais.
b) Desenvolvimento de competências essenciais ao negócio da instituição.
c) Supressão das parcerias institucionais.
d) Limitação dos serviços educacionais para os servidores da organização.
e) Planificação do plano de cargos e carreiras da corporação.

GABARITO: B

Feedback: A interdisciplinaridade favorece a construção de um processo de aprendizagem amplo e favorável para a integração da equipe de suas competências.

É bastante perceptível que as abordagens realizadas no âmbito da prática interdisciplinar se sobressaem pela ampliação do processo de aprendizagem, pois será possível compreender uma revisão de pensamento sobre o que deve ser aplicado e como deve ser aplicado.

Como é necessário identificar etapas para o cumprimento das medidas que devem ser desempenhadas no âmbito do processo de formação empresarial mediante aplicação da interdisciplinaridade, o responsável deve levar em consideração algumas questões que citaremos a seguir.

O profissional de educação empresarial deve proporcionar uma reflexão ampla sobre sua atuação na empresa, a fim de favorecer a identificação de condutas que podem ser melhoradas e, ainda, de competências que podem ser aperfeiçoadas. Nesse ponto, o responsável pela formação deverá estar conhecimento de todos posicionamentos e comportamentos dos funcionários da empresa.

Refletir individualmente sobre o que pode ser melhorado a partir das necessidades da equipe de trabalho é essencial para a construção de uma dinâmica que aprimore o desempenho das atividades empresariais. Mas isso só ocorrerá quando forem identificadas as reais necessidades da empresa, levando em consideração as fragilidades envolvidas.

O processo de especificação da metodologia que deverá ser aplicada só vai acontecer quando a equipe de trabalho tiver um diagnóstico, ou seja, quando especificar os pontos que precisam ser aprimorados na equipe de trabalho.

Existem situações em que, mesmo a equipe apresentando bom rendimento naquele padrão de funcionamento, destaca-se a necessidade de se implementar uma nova dinâmica de execução das atividades e, portanto, essa questão por si só, pode ser considerada como mecanismo que justificar a aplicação de uma formação.

Para saber mais

Sobre a importância da aplicação da interidisciplinaridade em grupos, indicamos o artigo: "A interdisciplinaridade e o trabalho coletivo: análise de um planejamento interdisciplinar", de Célia Weigert, Alberto Villani e Denise de Freitas, disponível em: <https://www.scielo.br/pdf/ciedu/v11n1/12.pdf>. Esse texto apresenta um estudo em que se utiliza pedagogia e psicanálise. E como forma de complementar a compreensão sobre a importância da formação do capital humano na empresa, no sentido de perceber que também é um instrumento de valorização humana, indicamos o vídeo "Importância da formação na empresa", disponível em: <https://youtu.be/dKO7zTx42Uo>.

Logo, essa etapa tem como objetivo principal o tratamento de uma abordagem específica no que se refere ao funcionamento das instituições, podendo ocorrer por meio de palestras, cursos de curta duração, entrega de material de apoio, encontro informal que venha a favorecer a reflexão das medidas etc.

O mais importante é a possibilidade que os profissionais terão para analisar como melhorar o desempenho funcional. Tal questão está relacionada com a maneira como os responsáveis pela aplicação da medida educativa deverão trabalhar para unir todas as competências nas mais diversas realidades, incluindo as questões relacionadas com possíveis resistências que podem surgir no ambiente de trabalho.

A referida etapa se justifica pelo simples fato de a empresa precisar estar de acordo com a realidade que a equipe de trabalho enfrenta. Não adianta, portanto, a empresa aplicar uma dinâmica que não favoreça a construção de uma mudança de comportamento no conjunto profissional.

Na Figura 4.10, a seguir, mostramos as etapas que o responsável pela estruturação da medida de formação deve observar para implementar o programa de formação.

Figura 4.10 – **Especificação da metodologia**

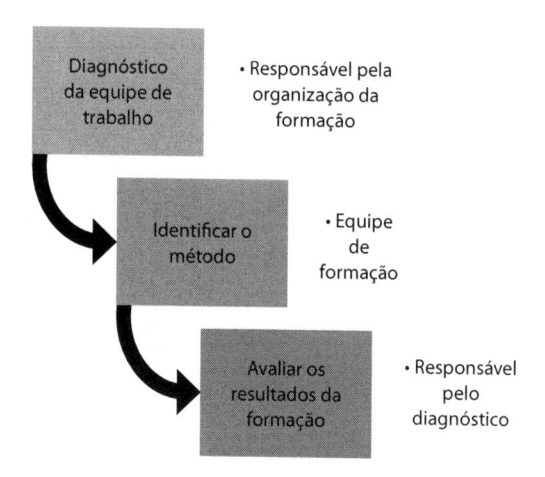

- Diagnóstico da equipe de trabalho — • Responsável pela organização da formação
- Identificar o método — • Equipe de formação
- Avaliar os resultados da formação — • Responsável pelo diagnóstico

Fonte: Elaborado com base em Bursztyn, 1999.

Sabendo da importância do cumprimento dessas medidas, destacamos a necessidade de compreender como é possível aplicar os métodos interdisciplinares no ambiente empresarial. A equipe responsável pela aplicação do método de formação deverá pensar integrativamente ou seja, de modo a favorecer tanto a aplicação das competências quanto o interesse do aluno.

A criatividade é ferramenta fundamental nesse processo, pois o responsável poderá inserir técnicas que favoreçam a integração dos elementos: interesse e conteúdo. Entretanto, para que seja possível a aplicação adequada desse processo, convém ponderar a responsabilidade do profissional que aplicará o método.

Nesse sentido, refere-se à necessidade de aplicação de uma técnica envolvente, em que o profissional se sentirá convidado a participar dessa atividade. Por isso, não adianta iniciar o processo de formação com uma conduta de imposição ou obrigação, mas como um convite que poderá melhorar o desempenho da função no ambiente empresarial.

A partir dessa medida de envolvimento da equipe de profissionais da empresa, os resultados poderão ser os melhores, visto que os funcionários da empresa terão interesse em buscar saber sempre um pouco mais sobre as informações abordadas na formação.

Por isso, a função do pedagogo é de extrema importância, já que vai orientar a equipe de trabalho sobre a necessidade de melhorar sua *performance* e, ainda, de suprimir os possíveis obstáculos que podem ser identificados nesse processo.

Para que isso ocorra, é essencial que o planejamento do programa de formação seja realizado de maneira integral, ou seja, com todas as pessoas responsáveis pelo comando das equipes de trabalho, visto que a partir da percepção global das equipes, será possível aplicar uma estratégia que melhore o desempenho, conforme podemos observar na Figura 4.11, a seguir.

Figura 4.11 – Integração no processo de criação do programa de formação

- Diagnótico das equipes de trabalho
  - Pedagogo empresarial
- Sistematização de um plano de formação
  - Pedagogo empresarial
- Avaliação dos resultados
  - Avaliação dos resultados

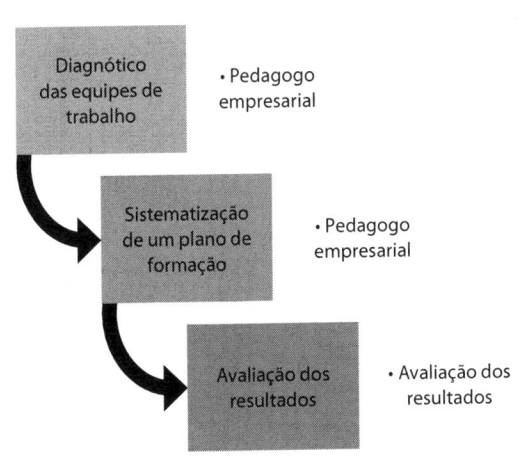

Fonte: Elaborado com base em Bursztyn, 1999.

Por fim, ainda sobre o processo de planejamento, ressaltamos a necessidade de realizá-lo conjuntamente, com todos os responsáveis no âmbito do desenvolvimento das atividades empresariais.

Trabalhar de maneira conjunta leva à constatação de que existe uma compreensão mais aberta do processo de flexibilização no processo educacional, ou seja, a prática de métodos interdisciplinares não combina, de forma alguma, com um processo rígido e inflexível.

Por isso, no momento de estruturar um bom programa de formação, é necessário pensar que ele dever ser contínuo, visto que partirá do pressuposto de que a melhoria é algo permanente, pois a sociedade está em constante mudança.

Ademais, os modelos de transmissão deverão ser avaliados, pois não adianta encontrar um profissional que se destaca por sua competência, mas que não tem nenhuma habilidade para aplicar o conhecimento. Isso poderá gerar forte resistência no processo de ensino-aprendizagem. Portanto, é preciso escolher um profissional que tenha, além de competências específicas relevantes, envolvimento com a equipe de trabalho na formação.

Ademais, para além da mão de obra qualificada e flexível que pode ser utilizada, verificamos a necessidade de se utilizar instrumentos que auxiliem o aprendizado, ou seja, técnicas aperfeiçoadas que favoreçam o compartilhamento de informações e experiências.

Saber mais

Para saber mais sobre a importância da inovação no ambiente empresarial, sugerimos o vídeo "O profissional do futuro", de Michelle Schneider. Assista ao vídeo para compreender as mudanças no ambiente de trabalho e o profissional do futuro. Esse vídeo é importante para que as empresas possam aplicar medidas que, além de inovar, favoreçam a percepção da necessidade de aperfeiçoar a mão de obra.

TEDxTALKS. O profissional do futuro. Disponível em: <https://youtu.be/9G5mS_OKToA>. Acesso em: 28 out. 2021.

A aplicação de medidas inovadoras, que venham a integrar a equipe de trabalho, poderá gerar certo engajamento para a organização, pois facilitará a troca de informações.

Como já estudamos até o momento, uma proposta de formação interdisciplinar bem estruturada poderá favorecer a construção de lideranças dentro de um grupo coeso, ou seja, homogêneo.

Por meio da adoção de métodos globais, que compreendam conteúdo e indivíduo, surgirá a satisfação dos sujeitos envolvidos no processo, o que favorece a construção de comportamentos cooperativos e eficazes.

Portanto, devem ser levados em consideração, no âmbito da estruturação de uma proposta de formação interdisciplinar: "Para a realização de um projeto interdisciplinar existe a necessidade de um projeto inicial que seja suficientemente claro, coerente e detalhado, a fim de que as pessoas nele envolvidas sintam o desejo de fazer parte dele" (Fazenda, 1994, p. 86-87).

A referida questão pode ser compreendida a partir do momento em que se percebe, quando da avaliação dos resultados, que a equipe se torna mais parceira e mais integrada.

Dessa forma, a dimensão criada pela interdisciplinaridade é capaz de favorecer a mudança de comportamento na cultural organizacional, pois será responsável por capacitar o profissional no processo de assumir novas opções de trabalho, conforme Mueller (2006, p. 38):

> Efetivamente operar os milagres necessários para que os indivíduos permaneçam ou assumam novos postos de trabalho. Esses novos saberes (ou competências) acabam sendo altamente funcionais, em termos de atingir os objetivos/metas propostos no mundo do trabalho. Pelo fato destes terem uma máscara de panaceia (altamente sedutora e fetichizada), a sua assimilação dá-se pelas vias da mais pura e simples adesão, e não de maneira truculenta, imposta, via coerção. Dentro desse universo, a interdisciplinaridade de forma fetichizada, tem atuado muitas vezes como 'lobo em pele de cordeiro'. A sua incorporação no mundo do trabalho tem um objetivo/fim muito claro: ser operacional na obtenção de melhores resultados (de preferência financeiros) no ambiente organizacional por meio da constituição de grupos interdisciplinares (assim denominados), envolvendo vários setores da empresa, e, individualmente, como um suposto favorecimento, onde o acúmulo de funções (multifuncionalidade), por parte dos trabalhadores sobreviventes às reengenharias

e 'downsizings', torna-se um aprimoramento ou qualificação, uma forma de agregar novos conhecimentos.

A interdisciplinaridade não se trata, na verdade, de procedimentos que operam milagres, mas de um instrumento capaz de ampliar saberes, incutir na equipe de trabalho a importância da reflexão, no sentido de favorecer o desempenho da empresa.

Portanto, a relação da interdisciplinaridade como ferramenta para a manutenção da sustentabilidade empresarial, visto que a formação a ser aplicada no âmbito da empresa servirá para suprir deficiências identificadas no desenvolvimento de atividades pela equipe de funcionários.

Para Palhano (2012, p. 61):

> A característica interdisciplinar da sustentabilidade empresarial ocorre devido à diversidade tanto das questões a serem resolvidas quanto das possíveis soluções fundamentadas nas premissas do desenvolvimento sustentável. Diferentes disciplinas são necessárias para responder a tal complexidade prática e teórica. Esta necessidade surpreende os profissionais das organizações, comumente não preparados para suportar tais demandas, pois os problemas decorrentes dos impactos causados pela operação das empresas, que na maioria das vezes eram solucionados pela lógica do menor custo monetário, hoje não mais podem ser solucionados assim. Mais do que nunca as empresas são chamadas a responder por danos sociais, econômicos e ambientais, de forma equilibrada, sustentável, e as respostas não podem tardar.

Entretanto, a sustentabilidade empresarial não pode ser realizada isoladamente; uma dinâmica educacional continuada onde seja possível aplicar conhecimentos de várias áreas se torna o vetor principal do método interdisciplinar, conforme se verifica na análise de Palhano (2012, p. 52):

> para a implementação eficiente de um sistema de gestão da sustentabilidade é necessário à formação de uma equipe que ajude a coordenar os aspectos e variáveis de sustentabilidade nas diversas áreas da empresa, como produção, transporte, desenvolvimento do produto, suprimentos, recursos humanos, etc, para que se possa atribuir suas respectivas responsabilidades e possibilidades de resultado integrado.

Sobre os benefícios da sustentabilidade empresarial, todas as ações que se deseje implementar precisam estar relacionadas com um pacote de informações que abarque as necessidades dos funcionários da empresa. Sendo identificadas as necessidades da empresa (social, ambiental, econômico, político etc.), vai se buscar um método que favoreça a transferência de conteúdo, conforme já mencionamos.

Para saber mais

Para complementar a sustentabilidade empresarial, sugerimos assistir à entrevista com João Francisco de Carvalho Pinto Santos (sócio-diretor da The Key) realizada pela jornalista Patrícia Buneker. Durante a entrevista, é possível compreender que sustentabilidade é um instrumento que favorece o desempenho da empresa com a utilização de recursos próprios, como é o caso de realizar programas de formação no próprio ambiente profissional.

HSM. Sustentabilidade como fator estratégico na empresa. Disponível em: <https://youtu.be/QwodJ87SyHw>. Acesso em: 28 out. 2021.

Exercício resolvido

O planejamento deve ser elaborado conjuntamente com todos os responsáveis pelas atividades empresariais. Nesse sentido, assinale a alternativa que indica corretamente uma das características essenciais para que seja possível aplicar medidas interdisciplinares na formação profissional.

- a) Monitoramento.
- b) Suspeição.
- c) Categorização.
- d) Flexibilização.
- e) Impermeabilização.

GABARITO: D

Feedback: Quando pensamos na necessidade de se trabalhar conjuntamente, notamos uma compreensão mais aberta do processo de flexibilização, ou seja, a prática de métodos interdisciplinares não combina, de forma alguma, com um processo rígido e inflexível.

Síntese

- A educação empresarial é algo necessário para o melhoramento do desempenho empresarial.
- O processo da interdisciplinaridade é essencial para o desenvolvimento de atividades da equipe de trabalho no âmbito empresarial.
- A interdisciplinaridade tem aspectos específicos para sua completa aplicação, tais como: integração, planejamento, reflexão e prática.
- O programa de formação interdisciplinar pode ser estruturado a partir da participação direta do corpo diretor com auxílio direto do pedagogo empresarial.
- A informação interdisciplinar deve ser pautada na flexibilidade e na reflexão, pois deve favorecer a autoanálise do funcionário por meio da aplicação de metodologias diversificadas.
- O método interdisciplinar deve ser inovador e envolvente, pois visa à mudança de comportamento da cultura empresarial.
- A empresa deve adotar medidas sustentáveis, ou seja, utilizar mão de obra para valorizar a mão de obra organizacional e, ainda, criar um momento de compartilhamento de experiências dentro da corporação.

5 Educação permanente para os profissionais na área de saúde

Conteúdos do capítulo:

- Importância da educação no ambiente profissional.
- Educação permanente como instrumento no ambiente profissional da saúde.
- Desafios da aplicação da educação permanente no ambiente profissional da saúde.
- Etapas para a aplicação da educação permanente no ambiente profissional da saúde.

Após o estudo deste capítulo, você será capaz de:

- identificar a importância da educação permanente no ambiente profissional;
- distinguir os desafios da aplicação da educação permanente no ambiente profissional;
- analisar as etapas necessárias para a aplicação da educação permanente no ambiente profissional da saúde.

A educação é um instrumento inestimável para o desenvolvimento da sociedade, visto que o conhecimento adquirido vai favorecer a construção de um sistema capaz de modificar as realidades a partir das novas descobertas teóricas e, ainda, do aperfeiçoamento das existentes. Portanto, não importa o período em que o aprendizado ocorra, é importante perceber que os benefícios decorrentes desse processo são os mais variados.

O sistema empresarial ou qualquer outro órgão poderá desenvolver atividades de cunho formacional para seus funcionários, com o objetivo de melhorar o desempenho funcional, bem como de gerar satisfação por parte dos utilizadores.

A formação permanente dos profissionais que trabalham na área de saúde desencadeia um impacto bastante positivo na sociedade, pois, a partir do momento em que se percebe a modificação da cultura funcional, há resultados positivos que podem ser mensurados por meio índices de satisfação dos pacientes e demais utilizadores do serviço de saúde.

Para entender a educação permanente para os profissionais da saúde, há a necessidade de analisar, inicialmente, conceitos relacionados sobre o que é a educação permanente, seu objetivo e seus efeitos na sociedade. Em seguida, tendo compreendido as questões mais teóricas, será possível estudar a educação permanente por meio de elementos básicos da junção entre teoria e prática.

Tal questão se torna relevante no momento em que se percebe a necessidade de se pensar nessas dinâmicas com base no pressuposto da reflexão dos comportamentos profissionais, no intuito de modificá-los a fim de que os resultados sejam aproveitados pela sociedade. Por fim, analisaremos as etapas a serem observadas na aplicação dos métodos de educação permanente por meio de exemplos práticos.

5.1 Aspectos conceituais gerais sobre educação no ambiente profissional

Já ressaltamos que a educação é fundamental para o processo de desenvolvimento de uma sociedade, pois muitas transformações sociais podem ocorrer, acarretando várias consequências no modo de produção, de vida, da apresentação da cultura, economia e política.

O processo de aprendizagem modifica, substancialmente, a maneira como o profissional vai desempenhar suas funções no ambiente laboral e, a depender do aproveitamento observado, o sistema poderá apresentar tanto resultados positivos e negativos. Nesse sentido, Ricaldoni e Sena (2006, p. 3) destacam:

> A educação tem sido considerada como instrumento para mudanças e transformações em uma sociedade. As transformações sociais e educacionais têm repercussões nos modos de produzir, nos diferentes campos do saber e de produção de bens e de serviços. No âmbito da educação e da saúde, a acumulação do conhecimento, traduzido em tecnologias e indicadores da qualidade dos processos de trabalho, tem influenciado a organização do trabalho, exigindo que os trabalhadores adquiram novas habilidades de forma dinâmica.

Portanto, entendemos que as atividades desempenhadas por qualquer empresa estão relacionadas, diretamente, com as exigências apresentadas pelas mudanças da sociedade.

Figura 5.1 – A empresa em relação às exigências do mercado

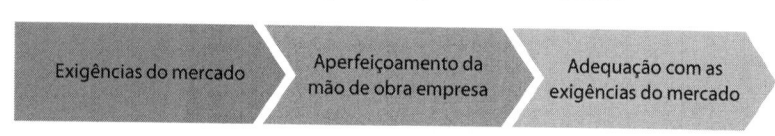

| Exigências do mercado | Aperfeiçoamento da mão de obra empresa | Adequação com as exigências do mercado |

Fonte: Elaborado com base em Ricaldoni; Sena, 2006.

O desenvolvimento tecnológico decorre das necessidades apresentadas pelo próprio mercado e, conforme esclarecem Ricaldoni e Sena (2006, p. 2),

> está associado à crescente demanda e às necessidades, qualitativa e quantitativa, de saúde das populações e requer incorporação de processos de educação permanente, vinculados a um programa de desenvolvimento das pessoas em uma realidade concreta de vida e de trabalho.

O período de aperfeiçoamento estruturado pela empresa se trata de um excelente sistema de capacitação com o intuito de gerar melhores oportunidades no ambiente de trabalho. É, portanto, capaz de conceder ao indivíduo a grande oportunidade de construir bons propósitos profissionais, os quais são fundamentados na dinamicidade de contextos diferenciados, como é o caso de sistemas políticos, éticos e culturais.

Para saber mais

Para melhor compreender as questões relacionadas à importância do processo de educação no sistema empresarial, indicamos a leitura do artigo "Educação corporativa nas empresas" de Rafael Carvalho, disponível no link: <https://www.edools.com/educacao-corporativa-nas-empresas/>.

Nesse momento, vamos ressaltar a relação entre os programas de formação desenvolvidos pelas empresas e os resultados observados na sociedade.

A Figura 5.2, a seguir, mostra o caso de uma empresa que, ao pensar na necessidade de mudar a cultura do uso do papel nas atividades administrativas empresariais, decide adotar medidas que reduzam o consumo desse produto em todas as atividades.

Ao implantar o uso da assinatura digital e de um programa de comunicação para auxiliar as relações administrativas entre os setores da empresa, percebe-se que, para além da redução de papel entre os setores, haverá uma celeridade no desenvolvimento das demandas dos setores.

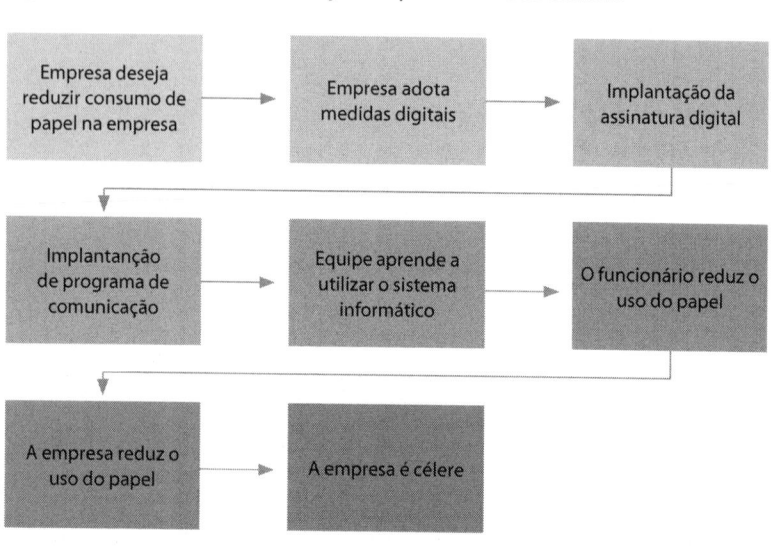

Figura 5.2 – Influência da formação empresarial na sociedade

```
[Empresa deseja reduzir consumo de papel na empresa] → [Empresa adota medidas digitais] → [Implantação da assinatura digital]
           ↓
[Implantanção de programa de comunicação] → [Equipe aprende a utilizar o sistema informático] → [O funcionário reduz o uso do papel]
           ↓
[A empresa reduz o uso do papel] → [A empresa é célere]
```

Fonte: Elaborado com base em Ricaldoni; Sena, 2006.

Sendo assim, em virtude das demandas comumente apresentadas pelas empresas, a educação permanente é fato primordial.

Exercício resolvido

As exigências do mercado de trabalho no que se refere ao processo de mudanças de paradigmas das questões relacionadas à economia, política, cultura e sociedade influenciam diretamente os resultados apresentados por empresas e órgãos, independentemente da área de funcionamento. Assinale a alternativa que indica qual seria a solução para que uma empresa consiga acompanhar as exigências do mercado.

   a) Investimento estrutural.
   b) Investimento de mão de obra.
   c) Mudança do local de funcionamento.
   d) Investimento em educação.
   e) Investir na bolsa de valores.
   GABARITO: D

Feedback: O processo educacional no âmbito empresarial é instrumento essencial para o desenvolvimento global de toda a sociedade, pois, no momento em que uma empresa conta com mão de obra qualificada, seu desempenho vai se destacar e, consequentemente, será possível observar os benefícios na sociedade.

5.2 Aspectos gerais da educação permanente

É necessário desenvolver métodos que assegurem a qualidade e a eficácia do processo educacional, e, para que isso seja possível, devem ser ponderadas as questões tecnológicas, sociológicas, culturais, políticas e econômicas.

Só assim será possível conceber um cenário de transformação no âmbito do funcionamento da empresa. Caso contrário, pode acontecer de a equipe de trabalho ficar enrijecida, prejudicando a motivação do funcionário no desenvolvimento de atividades, o que gera o temor do desemprego.

Logo, o programa de educação permanente visualiza uma proposta de ampliação das atividades desempenhadas pelo funcionário e, ainda, da qualidade dessas atividades.

A educação permanente, conforme mostra a Figura 5.3, deve ser concebida como um fenômeno capaz de favorecer o aprendizado, a reflexão e, por fim, a ação.

Figura 5.3 – Amplitude da educação permanente

Educação permanente → Modificação da percepção do funcionário → Melhora a reflexão, o aprendizado e a ação

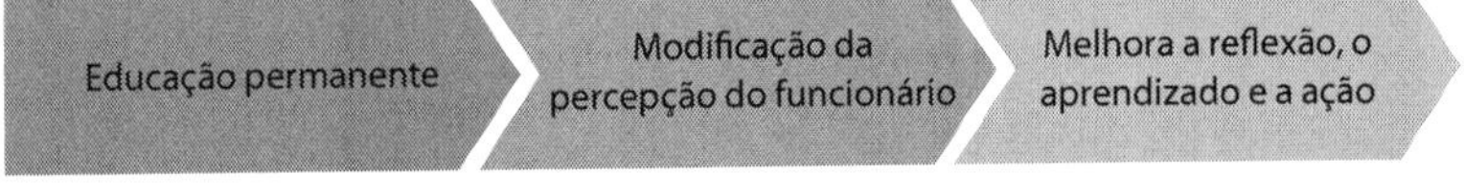

Fonte: Elaborado com base em Ricaldoni; Sena, 2006.

Há, portanto, o deslocamento da percepção limitada de uma ação formativa no âmbito empresarial para um sistema amplo e integrativo.

> **Para saber mais**
>
> Para aprofundar o estudo sobre os elementos gerais da educação permanente, indicamos a cartilha *Educação permanente em saúde*, elaborada pela Ministério da Saúde, disponível em: <http://bvsms.saude.gov.br/bvs/folder/educacao_permanente_saude.pdf>.

A respeito das questões sobre a inserção da educação permanente no ambiente da saúde, são muitos os benefícios gerados, pois haverá impacto positivo nos cuidados necessários com o indivíduo que busca o serviço de saúde.

Os métodos utilizados no âmbito da educação permanente em saúde devem englobar alguns elementos importantes, como o tipo de trabalho realizado, o serviço e a assistência ao usuário do serviço de saúde, com vistas a se tornarem instrumentos reflexivos para o aperfeiçoamento das instituições. Segundo Ricaldoni e Sena (2006, p. 3):

> Ao analisar os conceitos e métodos dos processos de Educação Permanente em Saúde, é importante considerar que o serviço, o trabalho, a assistência, a educação e a qualidade (como reflexo do desfrute da cidadania na saúde) têm como finalidade e razão de ser contribuir para satisfazer as necessidades e demandas individuais e coletivas de saúde da população, como um processo de reflexão e crescimento da instituição em constante ciclo de mudanças e transformações.

Sabendo, portanto, que a educação permanente é pressuposto essencial para a construção do bem-estar social, o Ministério da Saúde instituiu a Política Nacional de Educação Permanente em Saúde, cujo objetivo é aplicar medidas necessárias no ambiente da saúde, no sentido de garantir uma mudança de comportamento para melhorar as relações que decorrem das atividades que envolvem o paciente e os profissionais da saúde.

Essa questão é ilustrada na Figura 5.4, a seguir, que revela a necessidade de olhar para o indivíduo, em vez de olhar para o problema, sendo capaz de ouvir e acolher o paciente. Tal questão provocará mudança de perspectiva tanto do trabalhador, pois sua função será ressignificada, quanto do próprio paciente, pois este terá uma sensação de bem-estar.

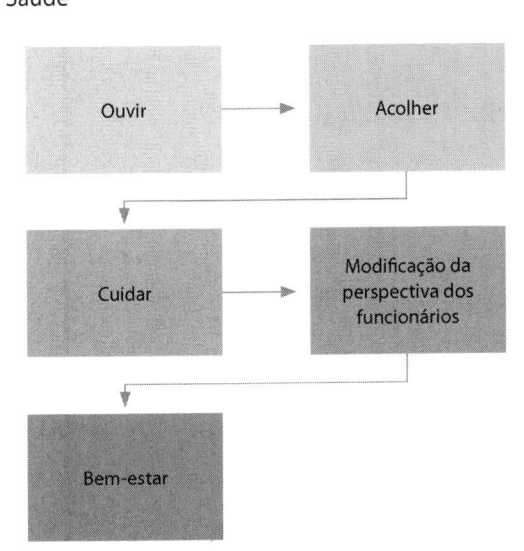

Figura 5.4 – Proposta da Política Nacional de Educação Permanente em Saúde

```
[Ouvir] → [Acolher]
    ↓
[Cuidar] → [Modificação da perspectiva dos funcionários]
    ↓
[Bem-estar]
```

Fonte: Elaborado com base em Brasil, 2013.

Portanto, a proposta da educação permanente na área da saúde deve ter como foco principal o favorecimento das atividades desempenhadas em benefício do usuário do serviço de saúde. Isso só será possível quando a formação for aplicada a toda a equipe, incluindo, nesse caso, os parceiros, conforme vemos:

> a mudança das estratégias de organização e do exercício da atenção, da gestão, da participação ou da formação é construída na prática de equipes, trabalhadores e parceiros, devendo considerar a necessidade de implementar um trabalho relevante, de qualidade e resolutividade. As demandas para qualificação ou especialização são demandas para a promoção de pensamento e ação. (Brasil, 2014, p. 1)

A educação permanente parte de uma construção permanente para a mudança do contexto atual de cada setor da saúde, com vistas a manter relação direta com o aperfeiçoamento da coletividade. "A Educação Permanente em Saúde reconhece o cotidiano como lugar de invenções, acolhimento de desafios e substituição criativa de modelos por práticas cooperativas, colaborativas, integradas e corajosas na arte de escutar a diversidade e a pluralidade do País" (Brasil, 2014, p. 3).

Exercício resolvido

Sobre a educação permanente, assinale a alternativa que indica o tipo de olhar que o responsável pelo programa deve ter de modo a propiciar um melhor desempenho para a equipe de trabalho envolvida no setor.

a) Maior investimento nos salários.
b) Reduzir o tamanho da equipe de trabalho.
c) Aumentar a equipe de trabalho.
d) Criar um cenário hierárquico de sujeição.
e) Aplicar um programa de formação com caráter integrativo.

GABARITO: C

Feedback: A proposta da educação permanente na área da saúde deve ter como foco principal o favorecimento das atividades desempenhadas em benefício do utilizadores do serviço de saúde.

5.3 Como aplicar medidas no sistema da educação permanente de saúde

A educação permanente em saúde deve ser compreendida com base em duas perspectivas específicas: o ensino e a política, não sendo possível pensar em efeitos restritos da aplicação desse processo.

A percepção deve partir da análise de que o programa de formação permanente tem de se fundamentar, tão somente, nas questões relacionadas com o cotidiano das atividades desenvolvidas no ambiente de trabalho relacionado com a saúde. Isso inclui elementos relacionados com os valores morais, éticos e profissionais dos profissionais e os utilizadores.

Por isso, a educação permanente tem relação tanto com o processo tradicional de ensino, por se tratar de questões relacionadas com a cidadania, quanto com o trabalho, pois o foco é favorecer o desempenho da equipe envolvida na prestação de serviço da sociedade, conforme sintetizado na Figura 5.5, a seguir.

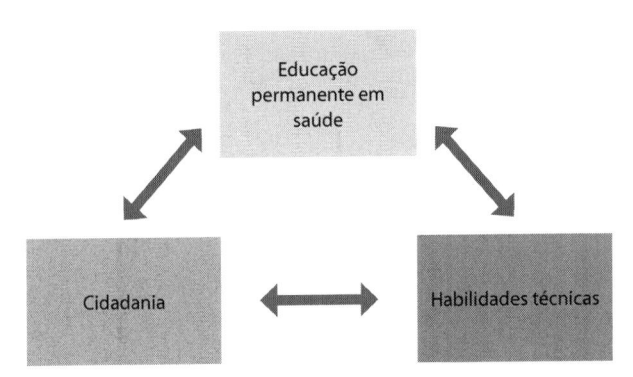

Figura 5.5 – Educação tradicional × educação permanente

```
         ┌─────────────┐
         │  Educação   │
         │ permanente em│
         │    saúde    │
         └─────────────┘
         ↙             ↘
┌──────────────┐   ┌──────────────────┐
│  Cidadania   │←→ │ Habilidades técnicas │
└──────────────┘   └──────────────────┘
```

Fonte: Elaborado com base em Ceccim; Ferla, 2009.

Entretanto, mesmo que se observe esta relação tênue entre os métodos de construção do conhecimentoo a partir da educação permanente na saúde, não se pode deixar de elencar as diferenças marcantes.

Conforme Ceccim e Ferla (2009), a diferença reside no fato de que, na educação tradicional, o objetivo é o conhecimento em si, e, no caso da educação permanente, o foco é o desenvolvimento continuado dos funcionários da empresa. "É contrária ao ensino-aprendizagem mecânico, quando os conhecimentos são considerados em si, sem a necessária conexão com o cotidiano, e os alunos se tornam meros escutadores e absorvedores do conhecimento do outro" (Ceccim; Ferla, 2021).

Essa prática de ensino tem relação com a produção do conhecimento a partir da realidade vivida pelo sujeito envolvido no processo, e, assim, os desafios enfrentados no dia a dia do ambiente de trabalho são refletidos a partir de uma perspectiva de mudança.

Por isso, a educação permanente na área de saúde tem fundamento na proposta de ensinar a partir da problematização. Dessa forma, o programa de ensino permanente da saúde embasa-se na probabilidade de construção do conhecimento por meio de uma dinâmica pessoal, ou seja, que visualize a proposta de avaliar sua vivência e a maneira como poderá aperfeiçoar seus hábitos profissionais.

A educação permanente no ambiente da saúde representa um propósito de ressignificação de suas atitudes, em que, a partir de uma reflexão pessoal, é possível atingir o patamar da reflexão e da mudança de atividade. Segundo Ceccim e Ferla (2021):

> Como "prática de ensino-aprendizagem" significa a e de "aprendizagem significativa" (interessada nas experiências anteriores e nas vivências pessoais dos alunos, desafiante do desejar aprender mais), ou seja, ensino-aprendizagem embasado na produção de conhecimentos que respondam a perguntas que pertencem ao universo de experiências e vivências de quem aprende e que gerem novas perguntas sobre o ser e o atuar no mundo.

A educação permanente no ambiente educacional cria um cenário de ressignificação, em que é possível perceber o deslocamento da figura de transferência de conhecimento, de maneira bastante passiva, para um cenário de partilha e transformação, a fim de que os participantes do processo de aprendizagem, a partir da troca de experiências, consigam desenvolver-se no cenário amplo do conhecimento.

Perguntas & respostas

O que é programa de Saúde da Família?
É um programa estruturado a partir da Constituição da República Federativa do Brasil, cujo objetivo é massificar o atendimento à saúde da população. Dessa maneira, a partir da estruturação da PSF, a proposta é universalização, equidade, integralidade, descentralização e participação da comunidade nas questões relacionadas com a saúde (Brasil, 2018).

Por meio da partilha, é possível compreender os pontos que devem ser repensados nesse cenário profissional, visto que a rotina do dia a dia no ambiente de trabalho será suficiente para identificar o que precisa ser alterado em suas práticas cotidianas. Ceccim e Ferla (2021) afirmam:

> A necessidade de mudança, transformação ou crescimento vem da percepção de que a maneira vigente de fazer ou de pensar alguma coisa está insatisfatória ou insuficiente em dar conta dos desafios do trabalho em saúde. Esse desconforto funciona como um 'estranhamento' da realidade,

sentindo que algo está em desacordo com as necessidades vividas ou percebidas pessoalmente, coletivamente ou institucionalmente.

Essa percepção sobre a realidade da educação permanente no âmbito da saúde se destaca a partir de uma conjuntura vivencial, já que os funcionários que fazem parte da equipe de trabalho vão construir, aos poucos, a partir de percepções particulares, quais são os pontos que devem ser trabalhados e, ainda, o que pode feito para transformar esta realidade.

Dessa maneira, a educação permanente servirá como mecanismo que irá aperfeiçoar a dinâmica de convivência entre os presentes e, em seguida, a própria concepção coletiva que deve ser aplicada.

Com base nessas concepções, cada profissional se integra às equipes ou aos agrupamentos de profissionais em cada ponto do sistema, mediante a adoção de medidas que congreguem aspectos importantes para o desenvolvimento de atividades próprias da equipe de trabalho.

Tais questões são importantes, pois têm condições de produzir mudanças na prática de gestão, capazes de favorecer o trabalho dos profissionais da saúde que sejam capazes de aproximar a sociedade do bem-estar. Portanto, a educação permanente em saúde faz uso da pedagogia por meio da prática, estruturando a mudança da realidade laboral.

Por isso, será considerada educação permanente no âmbito da saúde quando o trabalho é colocado em prática constante por intermédio de uma formação-atenção-gestão-participação em análise, conforme especifica Pereira et al. (2018, p. 1469):

> A Educação Permanente em Saúde (EPS) é compreendida como uma importante estratégia para fomentar processos de mudança nas dinâmicas institucionais e configura-se nos conceitos de ensino problematizador e aprendizagem significativa. Parte da premissa que o ensino-aprendizagem ocorre por meio da reflexão da realidade vivenciada no cotidiano, tendo o trabalhador a possibilidade de repensar condutas, de procurar novas estratégias e caminhos para a alcançar as dificuldades individuais e coletivas.

E educação permanente, diferentemente do processo didático-pedagógico, pretende mudar a realidade por meio do trabalho realizado, conforme mostra a Figura 5.6, a seguir.

Figura 5.6 – Processo didático-pedagógico e educação permanente

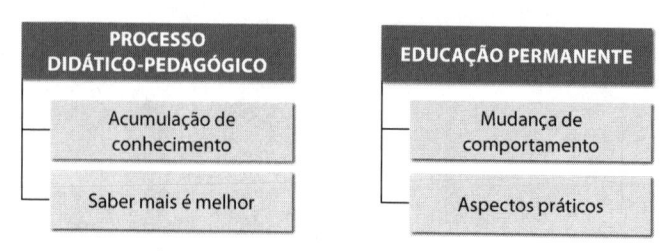

PROCESSO DIDÁTICO-PEDAGÓGICO	EDUCAÇÃO PERMANENTE
Acumulação de conhecimento	Mudança de comportamento
Saber mais é melhor	Aspectos práticos

Fonte: Elaborado com base em Ceccim; Ferla, 2009.

Logo, a prática da educação permanente tem o objetivo de estruturar novas formas de realizar as atividades no setor da saúde, mas de maneira coerente, com qualidade. Para Ceccim e Ferla (2021), a educação permanente é:

> a escolha por novas maneiras de realizar atividades, com maior resolutividade, maior aceitação e muito maior compartilhamento entre os coletivos de trabalho, querendo a implicação profunda com os usuários dos sistemas de saúde, com os coletivos de formulação e implementação do trabalho, e um processo de desenvolvimento setorial por "encontro" com a população.

Ressaltamos que o processo educacional permanente faz parte de um sistema integrativo que compõem alguns pontos específicos:

> A Educação Permanente em Saúde (EPS) tem como elementos essenciais: a aprendizagem no trabalho, em que o aprender e o ensinar se incorporam ao cotidiano das organizações e ao trabalho, a aprendizagem significativa que considera o saber acumulado pelos sujeitos e a possibilidade de transformar as práticas profissionais. (Brasil, 2018, p. 13)

Entendemos, assim, que o processo de aprendizagem é um sistema que favorece a construção do conhecimento sob perspectivas reais que surgem no ambiente de trabalho por meio de métodos que promovam a mudança de comportamento.

> **Para saber mais**
> Para aprofundar o estudo sobre a educação permanente no ambiente de saúde, sugerimos os seguintes vídeos:
>
> NEPHRP. Educação permanente em saúde. Disponível em: <https://youtu.be/2-E2We4CjdU>. Acesso em: 28 out. 2021.
>
> TELE EDUCA MATO GROSSO. Educação permanente na atenção básica em saúde. Disponível em: <https://youtu.be/jof9BUrfOSs>. Acesso em: 28 out. 2021.

Destacamos que o processo de ensino-aprendizagem no ambiente laboral só poderá ocorrer quando for possível perceber a influência de outros elementos, quais sejam: formação, participação e, por fim, gestão. A seguir vamos analisar esses itens separadamente.

Formação: a educação permanente tem como um dos elementos essenciais a sistematização do processo de aprendizagem. Entretanto, o conhecimento, embora seja importante, não é o ponto principal desse método, visto que é uma estratégia integrativa, capaz de gerar um sistema diferenciado no processo de funcionamento das atividades desempenhadas nos setores envolvidos com atividades que se destinam aos cuidados com à saúde.

Por isso, não podemos deixar de pensar no sistema de funcionamento das atividades laborais no âmbito da saúde sem ao menos considerar que o conhecimento também faz parte do processo de mudança de atitudes. Como mostra a Figura 5.6, a seguir, todo conhecimento adquirido pelo profissional poderá ser utilizado para propiciar bons resultados no próprio ambiente de trabalho.

Figura 5.7 – Formação e educação permanente

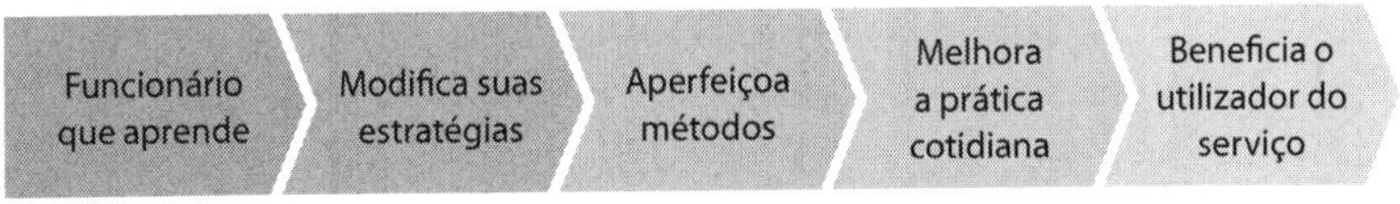

| Funcionário que aprende | Modifica suas estratégias | Aperfeiçoa métodos | Melhora a prática cotidiana | Beneficia o utilizador do serviço |

Fonte: Elaborado com base em Pereira et al., 2018.

> **Exemplificando**
>
> Para compreender melhor as informações apresentadas até o presente momento, em específico a questão relacionada com a formação do processo da educação permanente para os profissionais da saúde. Vejamos o caso de uma equipe de enfermeiros que trabalham na urgência de um hospital na cidade de Campina Grande-PB e que, em virtude do grande número de casos relacionados com a covid-19, perceberam a necessidade de uma estratégia para aperfeiçoar o atendimento, em caso de urgência, sem, contudo, prejudicar os atendimentos que não se encaixam como emergenciais. A direção do hospital decidiu implementar o programa de ressuscitação cardiopulmonar, por meio do qual os profissionais da emergência hospitalar puderam refletir sobre seus conhecimentos e, ainda, sobre as possíveis mudanças que devem acontecer para melhorar o serviço realizado. O programa de formação foi dividido em dois momentos, sendo o primeiro destinado aos aspectos teóricos, no qual foi possível retomar conceitos iniciais e partilhar as dificuldades enfrentadas no setor com a disseminação da pandemia. O segundo momento foi o prático, em que os profissionais puderam aplicar as técnicas em bonecos com sensor de identificação. Durante a realização de ambos os processos, os funcionários daquele setor esclareceram todas as dúvidas sobre teoria e prática acerca do processo de ressuscitação cardiopulmonar.

Por fim, para construir um programa de formação profissional, é necessário que se perceba não apenas o conteúdo de aperfeiçoamento, mas também o momento em que é proporcionado para que se reflita sobre as atitudes que desempenha como profissional inserido naquele contexto organizacional. Nesse sentido:

> A educação permanente, assim, é uma concepção pedagógica que articula dimensões políticas, metodológicas e de conteúdos, que se referencia aos serviços de saúde, que parte da análise dos problemas do processo produtivo e das exigências do sistema educacional, que valoriza o papel do trabalhador em seu processo de aprendizagem, que utiliza metodologias ativas, visando ao favorecimento da interação sujeito-objeto-ambiente de trabalho. (Brasil, 2018, p. 14)

Por isso, a proposta da formação é importante não apenas em razão do conteúdo formal apresentado na formação, mas essencialmente pela possibilidade de construção das habilidades de mudança de comportamento.

Vejamos, por exemplo, que quando um funcionário externa uma opinião formada sobre determinada questão e não apresenta flexibilidade para mudar a maneira de se comportar, poderá haver prejuízo para os utilizadores do serviço de saúde, já que a tendência é que não se modifique a cultura de atuação profissional daquele setor.

Participação: esse elemento é de extrema importância para o bom funcionamento da educação permanente, visto que não há bons resultados quando não existe envolvimento direto dos profissionais que fazem parte da equipe de trabalho no programa de formação.

No sentido de valorização da participação, Borges et al. (2019, tradução nossa) evidenciam o processo participativo como mecanismo importante para a construção da educação permanente:

> Quanto às perspectivas sobre a Educação Permanente em Saúde foi possível evidenciar que a metodologia é de extrema importância para o desenvolvimento da mesma, sendo a participativa, a mais citada, caracterizada pelo processo de ensino dinâmico que envolve a interação, reflexão e construção de conhecimento pelo educando, apresentando-se como um processo mais efetivo que promove a aplicação do conhecimento construído.

A participação dos profissionais facilita a construção de uma equipe integrada, que se destina à modificação dos parâmetros de comportamento, com o objetivo final de favorecer o bom desempenho da equipe como um todo.

Em virtude do bom funcionamento da equipe de trabalho, é preciso que haja um grau de flexibilidade para que ela possa atuar de maneira integral e sem efeitos negativos para a sociedade. Assim, é necessária a participação de toda a equipe de trabalho, sem distinção de funções. O que se deseja, portanto, com a participação integral da equipe de trabalho é aplicar coletivamente os tempos. O que fica claro é:

> A combinação entre os elementos experiência, ambiente e capacidades individuais e coletivas permite a existência de diferentes maneiras de aprender. Ao realizar aprendizagens significativas, os trabalhadores reconstroem a realidade, atribuindo-lhe novos sentidos e significados. Para o adulto, esse significado é construído em função de sua motivação para aprender e do valor potencial que os novos saberes têm em relação

a sua utilização na vida pessoal e profissional. O processo que favorece a aprendizagem significativa requer uma postura ativa e crítica por parte daqueles envolvidos na aprendizagem e está ancorado no modo como o novo conteúdo é incorporado às estruturas de conhecimento prévio do sujeito, adquirindo significado a partir desta relação. (Coll, 2000, citado por Brasil, 2018, p. 14)

O pensamento coletivo potencializa a integração de informações da equipe de trabalho e propicia a ruptura da inflexibilidade funcional da equipe. Dessa maneira, ser flexível no programa de formação permanente é o ponto central na mudança de cultura laboral no ambiente de trabalho.

Ainda nessa perspectiva, a participação no processo educacional é, de fato, um sistema coletivo, pois muito embora se identifiquem as realidades individuais de cada profissional, a unificação de cada informação apresentada especificamente e individualmente pelo profissional contribuirá para a construção de um todo específico a ser aplicado para toda a coletividade.

A "educação permanente em saúde" pode ser um processo cada vez mais coletivo e desafiador das realidades. O primeiro passo é aceitar que as realidades não são dadas. Assim como as informações, as realidades são produzidas por nós mesmos, por nossa sensibilidade diante dos dados e por nossa operação com os dados de que dispomos ou de que vamos em busca. (Ceccim; Ferla, 2021)

Assim, o processo de participação no ambiente de trabalho dos profissionais de saúde é um excelente momento de reflexão da realidade em que estão inseridos, pois será a partir desse momento em que o profissional poderá, para além de problematizar, refletir e encontrar uma solução adequada para a questão. Essa ação é denominada *ação educativa*, de acordo com Figueredo et al. (2014, p. 7):

A rotina de trabalho se configura como fonte de conhecimento, que propicia reflexão, criticidade e a problematização da realidade em que os profissionais e comunidade estão inseridos, de maneira a compreendê-la e, se necessário, propor ações de mudança. Dessa forma, a construção da ação educativa deve estar pautada nas necessidades de saúde e especificidades locais, além de ser articulada ao processo de atenção, à formação/qualificação, à gestão e ao controle social.

Gestão: é um instrumento que gera um grande impacto no funcionamento das atividades profissionais na área de saúde. Ressaltamos, porém, que, independentemente da área de atuação, gerir equipes e situações é ferramenta para o bom desenvolvimento das atividades.

Tendo em vista que a formação educacional permanente é de extrema importância para o desenvolvimento das atividades na empresa, torna-se essencial a presença de um profissional responsável que seja capaz de gerenciar a atividade formativa. O referido profissional será capaz de compreender as especificidades de cada funcionário que compõe a equipe de trabalho e, em seguida, delinear uma formação específica capaz de integrar todas as necessidades que surgem no ambiente de trabalho.

O que deve ser levado em consideração, acima de qualquer questão, é que o processo será construído a partir de uma dinâmica ampla de percepção do que for apresentado ou individualmente ou, ainda, coletivamente.

O gestor precisa, portanto, ter habilidade para compreender as necessidades dos funcionários da equipe, no sentido de identificar os pontos que devem ser mais bem trabalhados e treinados.

Dessa maneira, o gestor de um processo de educação permanente que não tem capacidade de percepção das necessidades de seus utilizadores e de toda a sua equipe de funcionários, incluindo as questões relacionadas com o ambiente em que o serviço é desempenhado, dificultará sobremaneira o desenvolvimento em larga escala de toda a equipe de trabalho. Figueredo et al. (2014, p. 8) afirmam:

> a administração dos recursos humanos é considerada uma das principais dificuldades para implantação do Sistema Único de Saúde desde a sua criação. O déficit de profissionais com perfil adequado, problemas de gestão e organização do processo de trabalho em saúde são alguns dos principais obstáculos para a melhoria da qualidade dos serviços e para a efetividade da Educação Permanente.

Portanto, ao pensarmos em educação permanente, deve ser perceptível a necessidade de se construir um sistema que venha a congregar informações, no sentido de articular conhecimentos, interesses e necessidades de todos os sujeitos envolvidos no processo. "Uma política de 'educação permanente em saúde' congrega, articula e coloca em roda diferentes atores, destinando a todos um lugar de protagonismo na condução de sistemas locais de saúde" (Ceccim; Ferla, 2009).

Tendo analisado os elementos necessários para a realização do processo de educação permanente no ambiente de trabalho da área de saúde, examinaremos, agora, as etapas necessárias para que o processo seja realizado adequadamente.

O primeiro passo no processo de educação permanente é constatação de uma gama de realidades distintas no cenário profissional da área, tanto no que se refere aos profissionais quanto aos usuários do serviço de saúde.

Por isso, em virtude dessa realidade, o processo deve ser minuciosamente analisado, com o intuito de identificar qual o real panorama apresentado na situação. Isso se justifica quando se percebe que as realidades não são apresentadas de maneira clara, mas depende do compartilhamento de informações pelos sujeitos envolvidos no processo.

Depois de compreender a realidade de cada sujeito na relação, deve-se estruturar um programa capaz de incluir todas as realidades e as necessidades de cada sujeito. A proposta, nessa etapa, é tão somente, fomentar a discussão sobre o panorama real dos problemas apresentados. "O segundo passo é organizar espaços inclusivos de debate e problematização das realidades, isto é, cotejar informações, cruzá-las, usá-las em interrogação umas às outras e não segregar e excluir a priori ou ensimesmar-se em territórios estreitos e inertes" (Ceccim; Ferla, 2021).

Essa etapa é o momento para a criação de um ambiente capaz de fomentar reflexão, compartilhamento, esclarecimentos, análises da conjuntura para, em seguida, definir a proposta final a ser aplicada. A Figura 5.8, a seguir, mostra um resumo dessa etapa.

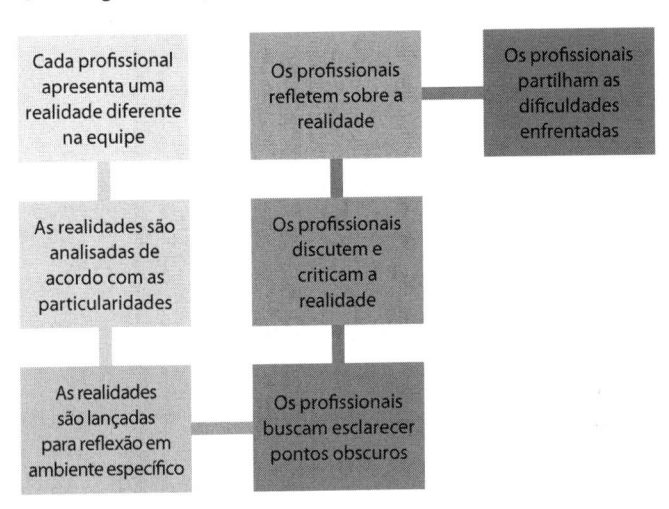

Figura 5.8 – Segunda etapa da educação permanente

- Cada profissional apresenta uma realidade diferente na equipe
- Os profissionais refletem sobre a realidade
- Os profissionais partilham as dificuldades enfrentadas
- As realidades são analisadas de acordo com as particularidades
- Os profissionais discutem e criticam a realidade
- As realidades são lançadas para reflexão em ambiente específico
- Os profissionais buscam esclarecer pontos obscuros

Fonte: Elaborado com base em Ceccim; Ferla, 2021.

Após determinar as necessidades da equipe, o responsável por gerir as informações no processo de educação permanente deve colocar em prática a terceira etapa, que é a efetivação das medidas de suporte.

Essas medidas são materializadas por meio da estruturação de redes de intercâmbio, visto que, a partir de então, será possível perceber o compartilhamento de informações. O intercâmbio poderá ocorrer mediante parcerias específicas entre empresas ou órgãos públicos ou privados.

Devemos, portanto, considerar a presente etapa como mecanismo que se destina ao processo de democratização da informação. A Figura 5.9, a seguir, resume essa etapa.

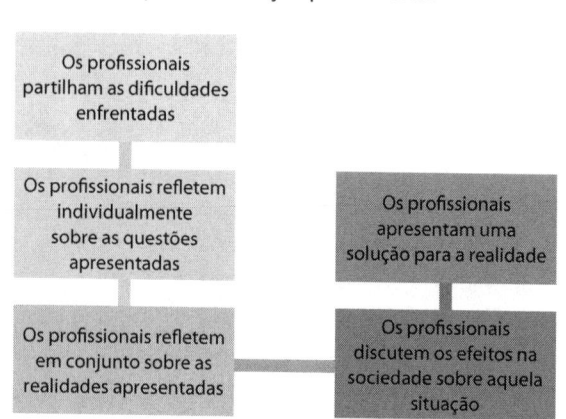

Figura 5.9 – Terceira etapa da educação permanente

- Os profissionais partilham as dificuldades enfrentadas
- Os profissionais refletem individualmente sobre as questões apresentadas
- Os profissionais refletem em conjunto sobre as realidades apresentadas
- Os profissionais apresentam uma solução para a realidade
- Os profissionais discutem os efeitos na sociedade sobre aquela situação

Fonte: Elaborado com base em Ceccim; Ferla, 2021.

É necessário refletirmos sobre as questões individuais de cada profissional, pois não podemos pensar apenas como um sujeito que se destina ao cumprimento de elementos técnicos, mas também como um profissional que é capaz de se envolver para além da técnica, no sentido de expressar seu lado humano e, assim, ser capaz de prestar um serviço com mais cuidado, sem a aplicação de métodos tão mecanizados.

Após essa percepção, bastante pontual e de extrema relevância para o desenvolvimento das atividades dos profissionais na área da saúde, ressaltamos a necessidade de sistematizar todas as informações e transformá-las em mecanismos que proporcionem um resultado adequado para suprir as lacunas da equipe de trabalho. De acordo com Ceccim e Ferla (2021), "o quarto passo é produzir as informações de valor local num valor inventivo que não se furte às exigências do trabalho em que estamos inseridos e à máxima interação afetiva com nossos usuários de ações de saúde".

Os pontos que apresentamos sobre as etapas necessárias no âmbito da educação permanente da saúde apresentam uma dinâmica possível de ser aplicada, com vistas a viabilizar a estruturação de uma equipe integrada.

> **Para saber mais**
> Para aprofundar nosso estudo a respeito da educação permanente na área da saúde, indicamos o artigo: "Desafios e perspectivas na educação permanente em saúde desenvolvida na atenção primária: uma revisão bibliográfica", de Rogério Carvalho de Figueredo, Kênia Alessandra de Araújo Celestino, Camilla Rhuana Fernandes Moraes e Ivania Inácia dos Santos Figueiredo, disponível em: <http://nephrp.com.br/site/wp-content/uploads/2017/03/Desafios-E-Perspectivas-na-Educa%C3%A7%C3%A3o-Permanente-em-sa%C3%BAde-desenvolvida-na-aten%C3%A7%C3%A3o-prim%C3%A1ria-uma-revis%C3%A3o-bibliogr%C3%A1fica.pdf>.

A educação permanente, além de importante, é necessária para o processo de melhoramento das atividades profissionais da saúde, e muitos são os desafios que surgem quando de sua implementação, pois nem sempre são observados os três elementos principais: participação, formação e gestão.

Com o descumprimento do contexto necessário para a validação do programa de educação permanente, a possibilidade de estimular a construção de uma consciência capaz de mudar a cultura comportamental dos funcionários acaba por ser reduzida. Sendo assim, quando não se pondera esse cenário reflexivo, os efeitos posteriores podem ser de desconstrução de uma realidade transformadora.

Vamos imaginar um profissional da saúde que tem seu desempenho mensurado por um programa capaz de gerar uma reflexão ampla, no sentido de se criar uma consciência profissional pautada na transformação social: quando isso não ocorre, o sistema social se depara com a falta de qualidade no serviço de saúde.

Pode acontecer de esse profissional acabar por tratar com bastante arrogância todas as pessoas que buscam auxílio no setor. Trazendo esse exemplo para a realidade, dificilmente as pessoas atendidas por esse profissional vão desejar retornar, e, no caso de ser subordinados, será criado um ambiente inóspito, em que prevalece a falta de cooperação institucional.

Por isso, com a intenção de evitar situações como essa que acabamos de descrever, é preciso aplicar os métodos anteriormente mencionados, de modo que os profissionais tenham condições de repensar individualmente os métodos e sejam capazes de construir uma dinâmica conjunta de solidariedade, capaz de mudar a realidade social.

Portanto, a educação permanente deve estar centrada em diversos elementos, sendo os principais: reflexão, criticidade e transformação.

Figura 5.10 – Elementos essenciais da educação permanente

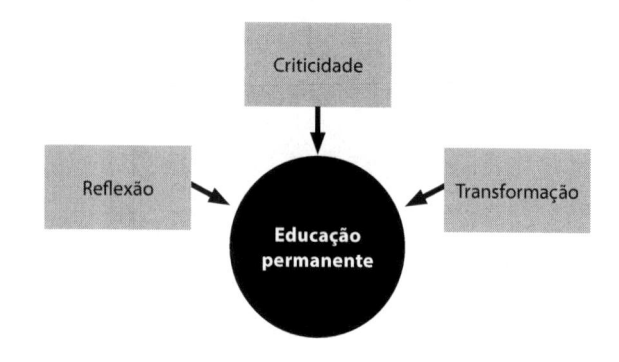

Fonte: Elaborado com base em Ceccim; Ferla, 2009.

Acreditamos na possibilidade de se pensar nos benefícios da pedagogia como instrumentos capazes de, no âmbito empresarial, transformar as variadas realidades profissionais e, em seguida, sociais. De acordo com Ceccim e Ferla (2021):

> Diferentemente das noções programáticas de implementação de práticas previamente selecionadas em que as informações são empacotadas e despachadas por entrega rápida às mentes racionalistas dos alunos, trabalhadores e usuários, as ações de "educação permanente" desejam os corações pulsáteis dos alunos, dos trabalhadores e dos usuários para construir um sistema produtor de saúde (uma abrangência), e não um sistema prestador de assistência (um estreitamento). Uma política de "educação permanente em saúde" congrega, articula e coloca em roda diferentes atores, destinando a todos um lugar de protagonismo na condução de sistemas locais de saúde.

Por se tratar de profissionais que já se encontram no mercado de trabalho, a proposta central para a realização de uma educação permanente é desenvolver a atividade tendo como pressuposto básico os processos educativos padrão utilizados na educação para adultos, pois o que deve ser levado em consideração é a necessidade de importante toda a carga de conhecimento do profissional que foi adquirida ao longo dos anos.

Exercício resolvido

Leia atentamente o caso hipotético apresentado a seguir.

João, brasileiro, 30 anos, é usuário da UBSF de um bairro localizado na cidade de Campina Grande, na Paraíba, e um dia precisou recorrer aos serviços de saúde da unidade, pois apresentava sintomas de covid-19. Ao chegar na unidade, João ficou atordoado, pois a enfermeira que estava no local gritava com os pacientes que chegavam em busca de atendimento por não estarem usando máscaras de proteção facial. Em virtude de um relato feito por João, a gestora da unidade de saúde decidiu implementar uma ação educativa permanente, em que, uma vez por mês, os funcionários da unidade poderiam compartilhar as dificuldades enfrentadas, refletir sobre os desafios, buscar uma solução adequada e, por fim, ter uma palestra informativa sobre a importância de tratar o paciente com atenção e acolhimento, mesmo em situações difíceis.

Agora, assinale a alternativa que indica se a medida aplicada pela gestora da unidade foi correta.

a) Sim, pois a educação permanente é baseada em formação, reflexão, gestão, participação e ação.
b) Não, pois a educação permanente deve ser realizada por instituições superiores.
c) Em parte, pois a educação permanente é baseada em transformação cultural, mas deve ser realização por instituição do ensino superior.
d) Não, pois não existe educação permanente em ambientes de trabalho dos profissionais de saúde.
e) Sim, pois a educação permanente serve como instrumento para identificar o funcionário que será exonerado.

GABARITO: A

Feedback: Para evitar situações desagradáveis, como as do exemplo, é preciso aplicar de maneira integrativa os métodos que já mencionamos aqui, para que os profissionais tenham condições de repensá-los individualmente e sejam capazes de construir uma dinâmica conjunta de solidariedade, capaz de mudar as realidades sociais.

Concluímos, assim, que o gestor de um processo de educação permanente que não tem capacidade de percepção das necessidades dos usuários e, ainda de toda a sua equipe de funcionários, incluindo as questões relacionadas ao ambiente de trabalho, dificultará o desenvolvimento em larga escala de toda a equipe de trabalho.

Síntese

- A educação é um instrumento essencial para o desenvolvimento de toda da sociedade.
- O Ministério da Saúde, com o objetivo de favorecer o desempenho das atividades desenvolvidas pelos profissionais da saúde, instituiu o Plano Nacional de Educação Permanente.
- A educação permanente é fundamentada no seguinte tripé: formação, gestão e participação.
- A educação permanente é de caráter coletivo, visto que o objetivo é melhorar a prestação de serviços de saúde.
- A educação permanente deve ser integrativa, pois deve analisar todo o conjunto da área de saúde, não apenas os profissionais (equipe de trabalho), mas também os beneficiários (usuários do serviço).

6 Educação inclusiva no sistema empresarial

Conteúdos do capítulo:

- Educação inclusiva: conceito e formas de acessibilidade.
- Características e desenvolvimento de competências de instrutores e motivadores.
- Estruturação e formação e banco de instrutores internos à empresa.

Após o estudo deste capítulo, você será capaz de:

- compreender o procedimento da educação inclusiva;
- compreender a função e as competências dos instrutores e motivadores da educação inclusiva;
- analisar como pode ser organizada, no âmbito institucional, a educação inclusiva.

Neste capítulo, analisaremos outros aspectos da educação empresarial: a educação inclusiva e a acessibilidade.

Em termos gerais, a educação inclusiva faz parte de um processo em que pessoas com deficiência, ao estar integradas no mercado de trabalho, devem também participar do processo de aperfeiçoamento profissional aplicado no âmbito empresarial.

Ao se identificar a presença de profissionais com deficiência no mercado de trabalho, devemos promover a inclusão social e, consequentemente, o desenvolvimento social. E, por esse motivo, devemos participar também da construção de mecanismos que melhorem o desenvolvimento das atividades laborais a fim de que os resultados empresariais possam surgir.

Assim, o processo de formação empresarial deve abranger métodos capazes de incluir, integralmente, todos os profissionais. Ao aplicarmos uma formação integral e inclusiva, os resultados alcançados serão os melhores.

Nosso objetivo central é o estudo da maneira como a educação inclusiva pode ser aplicada no ambiente empresarial, evidenciando acessibilidade, deficiência e inclusão como mecanismos de sedimentação da cidadania e, consequentemente, dos direitos humanos.

Em seguida, vamos compreender conceitos e formas de acessibilidade, para que seja possível apresentar, sequencialmente, as características e competências que os responsáveis pelo processo de formação devem ter para que o programa de aperfeiçoamento obtenha bons resultados.

Por fim, como forma de garantir bons resultados na pedagogia empresarial, veremos como a empresa pode aperfeiçoar a mão de obra já existente.

6.1 Conceito de educação inclusiva e formas de acessibilidade

O processo de aprendizagem é de extrema importância para o desenvolvimento de uma sociedade, visto que favorece a compreensão dos cenários complexos que o mundo apresenta. A partir do momento que o indivíduo passa a compreender melhor a sociedade, será capaz de contribuir de maneira mais integral, já que saberá realizar a leitura e a interpretação das necessidades que a população poderá apresentar. Significa dizer, portanto, que, por meio da educação, a sociedade estará preparada para participar das decisões sociais e, consequentemente, da construção de democracia.

Partindo do pressuposto de que a participação nas decisões sociais contribui com a construção da democracia e que isso depende da educação, percebemos que ela deve ser aplicada de modo irrestrito, ou seja, para todas as pessoas independentemente de condição social, econômica ou política.

Quando a população tem acesso à educação, os resultados são observados diretamente, visto que as decisões tomadas serão mais assertivas e benéficas para a sociedade, incluindo a redução de desigualdades sociais.

> **Para saber mais**
> Com o intuito de compreender um pouco melhor a relação entre democracia e educação, sugere-se a leitura do artigo "Democracia é educação", de autoria de Roberto DaMatta, disponível em: <https://www.institutomillenium.org.br/democracia-e-educacao/>. O autor faz uma reflexão interessante sobre a percepção de que, para se construir uma sociedade desenvolvida, torna-se essencial a presença da educação, mas não uma educação elitizada, limitada, e sim um processo educação que possa ser acessado por todas as pessoas, independentemente de condição política, social, de gênero ou étnica.

A educação é capaz de romper as barreiras da exclusão, pois auxilia a harmonização dos povos e de seus distintos interesses, conforme destacam Pinsk e Eluf (2000, p. 32).

A inclusão vem para desfazer as cristalizadas barreiras que se formaram, ao longo dos tempos, em torno dos sujeitos pertencentes a grupos minoritários. Por *minorias*, entende-se o conjunto de indivíduos tradicionalmente estigmatizados, segregados, discriminados e excluídos do convívio social, tais como: pessoas com deficiência (PDs), mulheres, negros, imigrantes, idosos, homoafetivos, entre outros. Neste sentido, não se pensa numericamente em termos populacionais, mas em termos de participação ativa nos processos sociais, bem como no pleno gozo dos direitos de cidadania.

Participar da sociedade não significa apenas ter o direito de ser reconhecido como membro, mas especialmente de estar inserido em todas as áreas da sociedade, quais sejam estudar, trabalhar, decidir, isto é, participar ativamente da sociedade, conforme apresenta Werneck (2000, p. 11),

> Na contemporaneidade, há um acirramento das discussões em torno do emergente paradigma da inclusão de minorias no mercado de trabalho. Neste estudo, entende-se por *inclusão* os processos que envolvem a consolidação do direito que todo e qualquer cidadão tem de participar ativamente da sociedade, contribuindo de alguma forma para o seu desenvolvimento.

Quando o Estado social atua de maneira inclusiva, o processo social cumpre os elementos estabelecidos na Constituição Federal de 1988, mais especificamente no art.5°, que afirma que todas as pessoas devem ser tratadas com igualdade, respeitando-se as desigualdades.

Para saber mais
Para aprofundar o estudo de direitos fundamentais, indicamos a dissertação de mestrado de Erik Saddi Arnesen "Educação e Cidadania na Constituição Federal de 1988", disponível no *link*: <https://teses.usp.br/teses/disponiveis/2/2134/tde-27012011-165002/publico/Dissertacao_Erik_Saddi_Arnesen_FAC_DIREITO.pdf>.

A previsão estabelecida na Constituição Federal é evidenciada pelas demais normas que surgem no ordenamento jurídico brasileiro, como é o caso do Decreto n. 3.298, de 20 de dezembro de 1999, que estabelece a política nacional para a integração da pessoa com deficiência a partir da conceituação do que é deficiência e, ainda, como a sociedade deve desenvolver suas atividades no sentido de desenvolver técnicas que incluam estes indivíduos, conforme vemos a seguir.

Art. 3º Para os efeitos deste Decreto, considera-se:

I – deficiência – toda perda ou anormalidade de uma estrutura ou função psicológica, fisiológica ou anatômica que gere incapacidade para o desempenho de atividade, dentro do padrão considerado normal para o ser humano;

II – deficiência permanente – aquela que ocorreu ou se estabilizou durante um período de tempo suficiente para não permitir recuperação ou ter probabilidade de que se altere, apesar de novos tratamentos; e

III – incapacidade – uma redução efetiva e acentuada da capacidade de integração social, com necessidade de equipamentos, adaptações, meios ou recursos especiais para que a pessoa portadora de deficiência possa receber ou transmitir informações necessárias ao seu bem-estar pessoal e ao desempenho de função ou atividade a ser exercida. (Brasil, 1999)

Como resultado desse conjunto normativo, observamos que a sociedade deve visar sempre atingir a igualdade social. Por isso, a inclusão é ferramenta essencial para suprir as necessidades e as desigualdades sociais. De acordo com Monteiro et al. (2011, p. 460):

> O vocábulo *inclusão* é geralmente confundido com *integração* devido ao fato de seus significados encerrarem, analogicamente, uma mesma ideia, ou seja, a inserção das PDs nos sistemas sociais. Mas, inclusão e integração diferem, grandemente, em vários aspectos. Quando a palavra inclusão é usada corretamente, refere-se a uma inserção total e incondicional.

A Figura 6.1, a seguir, exemplifica essa questão mostrando que inclusão está relacionada com o processo de inserção das pessoas com deficiência no âmbito social.

Figura 6.1 – Aspectos da inclusão

```
Diferenças
sociais

Comportamento de
inserção

Inclusão
```

Fonte: Elaborado com base em Monteiro et al., 2011.

Seguindo os parâmetros de importância estabelecidos pelo ordenamento jurídico brasileiro, inferimos que a inclusão está relacionada também com o mercado de trabalho.

> **Para saber mais**
> No sentido de refletir um pouco sobre a condição da pessoa com deficiência no mercado de trabalho, sugerimos a leitura do artigo "Inclusão no mercado de trabalho: um estudo com pessoas portadoras de deficiência", de Maria Nivalda de Carvalho Freitas, Antônio Luiz Marques e Flavia Luciane Scherer, disponível em: <http://www.anpad.org.br/admin/pdf/enanpad2004-cor-1311.pdf>.
> Assista também ao vídeo "Especial acessibilidade: inclusão no mercado de trabalho", produzido pela Secretaria de Comunicação do TRT e disponível no *link*: <https://youtu.be/XjHBzDGrrIE>.

As empresas devem adotar métodos que possibilitem a inserção de pessoas em estado de vulnerabilidade, com o objetivo de garantir os já mencionados direitos fundamentais à condição humana. Monteiro et al. (2011, p. 460) esclarecem:

> Segundo os pressupostos inclusivistas, as PDs têm direito a se inserirem no mercado de trabalho, independentemente do tipo da deficiência e grau de comprometimento. Estas têm direito de gozarem plenamente da vivência social, tendo acesso aos mesmos recursos disponíveis a todo e qualquer cidadão.

Ressaltamos que uma sociedade inclusiva respeita a diversidade, além de reconhecer que qualquer cidadão tem o direito de constitucional de desenvolver suas potencialidades profissionais.

> Todo cidadão, com ou sem deficiência, precisa trabalhar para acessar os bens disponíveis no mundo moderno, bem como apoderar-se da construção da sua sociedade. Nesta lógica, manter uma pessoa, com idade e potenciais condições, fora do mercado de trabalho é inviável devido ao alto custo dos benefícios assistencialistas. (Bahia, 2006, p. 12)

O que é?
Direito fundamental é um conjunto de benefícios (como é o caso da vida, moradia, alimentação, educação, segurança, saúde, lazer, meio ambiente equilibrado etc.) de fundamental importância para que se conceda ao indivíduo a dignidade do ser humano. Dessa maneira, não se pode pensar em direito fundamental, sem que haja respeito e proteção aos direitos essenciais do indivíduo (Brasil, 1988).

Um indivíduo inserido no mercado de trabalho contribuirá com o desenvolvimento social; já o sujeito que não consegue ou não deseja se inserir nesse mercado deixará de contribuir com a construção da sociedade, no sentido de prejudicar seu desenvolvimento econômico e político.

Embora o ordenamento jurídico brasileiro estabeleça, por meio de textos jurídicos, o direito às pessoas com deficiência de estarem inseridas no mercado de trabalho, muitas vezes esses direitos não são efetivados por questões como a falta de estrutura técnica, logística, comunicacional, o que prejudica o envolvimento do trabalhador no ambiente laboral.

Ao perceber esses desafios, destacamos a implementação de ações afirmativas que se destinam ao cumprimento integral dos direitos estruturados por lei.

No caso do Brasil, como já vimos anteriormente, temos a Política Nacional para a Integração da Pessoa com Deficiência, que se destina a auxiliar o processo de inserção dessas pessoas não apenas no ambiente de trabalho, mas em toda a sociedade.

A partir de então, observa-se a relação direta das empresas com o próprio desenvolvimento social quando, por meio de medidas inclusivas, adequam-se ao propósito da responsabilidade social, ou seja, estabelecem medidas que se destinam a melhorar o mundo. Assim, a empresa que se alinha aos aspectos da responsabilidade social tem como objetivo principal o cumprimento das medidas normativas estabelecidas no ordenamento jurídico brasileiro por meio de métodos específicos que viabilizem essa inclusão.

Quando a empresa prevê mecanismos envoltos no processo de responsabilidade social, atua fundamentada em valores focados na cidadania empresarial, ou seja, mecanismos que favoreçam o desenvolvimento humano e social de modo integral.

Entretanto, mesmo que se perceba a importância da responsabilidade social no âmbito empresarial e, ainda, a presença de um sistema normativo voltado para a proteção dos direitos e garantias individuais do ser humano, algumas vezes o sistema empresarial não consegue cumprir as diretrizes que criam a responsabilidade social da empresa.

Entre os desafios que impedem a empresa de cumprir as diretrizes que o incluem no âmbito da responsabilidade social empresarial, podem ser destacados elementos arquitetônicos, institucionais, comunicacionais, conforme Monteiro et al. (2011, p. 461):

> Mister frisar, que a legislação brasileira consubstancia tal direito assegurando a inserção dessas pessoas no mercado de trabalho. No entanto, muitos mecanismos sociais contrapõem ou dificultam a efetivação desse direito. Tais mecanismos podem variar de espécie, transvertendo-se em impedimento arquitetônico, comunicacional, institucional, metodológico, programático e atitudinal.

Teixeira (2004, p. 21) ressalta a influência que a responsabilidade social na empresa poderá ter na sociedade.

A RSE é um modelo de gestão que estabelece metas visando o desenvolvimento sustentável, preservando recursos ambientais e culturais, respeitando a diversidade e reduzindo as desigualdades sociais. No presente trabalho, a ênfase recai sobre o sentido da RSE que objetiva a valorização das minorias nas empresas.

Portanto, não se pode fugir da íntima relação que a responsabilidade social empresarial tem com a cidadania, visto que pensará no respeito à dignidade humana e, consequentemente, no modo como influenciará a qualidade de vida da população. A Figura 6.2, a seguir, exemplifica essa situação.

Figura 6.2 – **Efeitos da responsabilidade social empresarial**

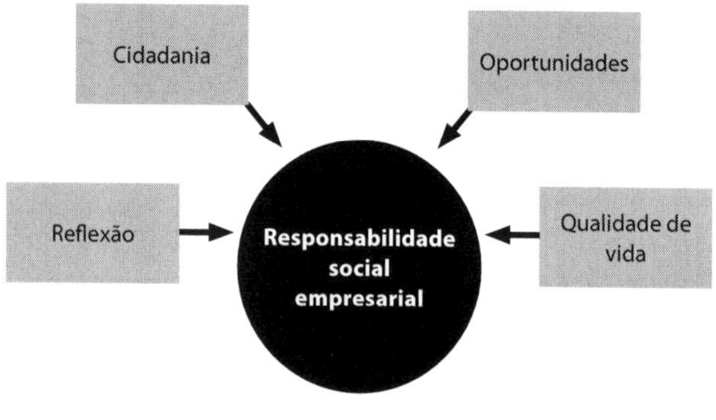

Fonte: Elaborado com base em Teixeira, 2004.

Torna-se imperativo, portanto, que as empresas estejam conectadas ao processo de inserção do indivíduo com deficiência e, para que isso, mudanças são necessárias.

Mesmo com os desafios patentes em muitas empresas, a mudança de comportamento é atitude recorrente na atualidade, de modo que as demandas internas acabam por se misturar com as necessidades externas, como é o caso das questões ambientais, políticas e jurídicas. Suguimatsu (2008, p. 45) lembra que "Na atualidade, o papel das empresas supera suas demandas internas e o caráter econômico, interligando-se à manifestação do direito de propriedade, relações jurídicas, interações políticas, sociais e meio ambiente".

No sentido de buscar o cumprimento da responsabilidade social das empresas, os métodos que se destinam ao incentivo de mão de obra, de acolhimento às diversidades e, por fim, que gerem bem-estar no ambiente de trabalho são essenciais.

Nesse contexto, para que a empresa se enquadre nos mecanismos de responsabilidade social, não deve apenas abrir vagas de contratação para novos profissionais, é fundamental que aplique medidas essenciais para que o profissional consiga desenvolver-se individualmente, isto é, que seja possível aplicar suas habilidades dentro do ambiente empresarial, conforme informam Alli et al. (2002, p. 98):

> Objetivando agregar maior valor a seus produtos, elevar a produtividade e obter maior visibilidade social, as organizações modernas têm adotado políticas de diversidade com base em diversos pressupostos. Um deles é o da incrementação da competitividade proporcionada pela diversificação da mão-de-obra. Outro, seria o do perfil dos clientes que, frequentemente, são pessoas com deficiência e mostram-se cada vez mais exigentes em relação ao consumo de produtos e utilização dos serviços prestados pelas organizações. Um outro fator considerado preponderante ao se adotar programas de RSE, são as evidências apontadas nos resultados de pesquisas de que há aumento na produtividade e atração de novos investidores.

Portanto, a partir do momento em que a empresa aplica medidas que se destinem ao favorecimento das habilidades dos funcionários independentemente de sua condição, contribui para a valorização da equipe de trabalho.

Quando se valoriza o profissional, o bem-estar se instaura no ambiente de trabalho, reduzindo as possibilidades tanto de rotatividade quanto de atos discriminatórios e de processos judiciais, melhorando a imagem externa da empresa.

No ambiente empresarial, podem ocorrer situações específicas ao tratamento destinado à equipe de trabalho. A exclusão ocorre quando não se concede oportunidade de trabalho para pessoas com deficiência. No ordenamento jurídico brasileiro, existe a previsão que torna obrigatória a contratação de profissionais PCD em seu quadro de funcionários. A segregação, mesmo que se compreenda semelhante ao processo de exclusão, tem algumas diferenças, pois, nesse caso, a empresa realiza a contratação, mas direciona o profissional para desempenhar suas funções laborais fora do ambiente empresarial. A justificativa apresentada para o processo de segregação é a falta de estrutura adequada para acolher o funcionário, entretanto, quando isso ocorre, a empresa está impedindo a socialização do indivíduo com os demais membros da equipe. A integração é um passo à frente da segregação, pois o funcionário ao ser contratado desempenhará as funções laborais no ambiente profissional, mas em setores que não favorecem o processo de integração com as demais pessoas naquele ambiente de trabalho. E, por fim, a inclusão, que é uma medida em que o sujeito PCD, ao ser contratado, desempenhará funções em qualquer posição existente na empresa e, portanto, vai se envolver com todas as atividades desempenhadas no âmbito empresarial.

Dessa maneira, a empresa que aplicar medidas integrativas efetivamente, estará preparada para colher bons resultados oriundos do mercado de econômico. Para que isso ocorra, torna-se necessário a aplicação de medidas que venham modificar a cultura empresarial, a fim de que se torne mais empática.

6.2 Educação inclusiva no âmbito empresarial

No nosso estudo, compreendemos que o processo de inclusão no ambiente empresarial é essencial para aquelas empresas que desejam colher bons frutos no mercado concorrencial, visto que a empresa terá bons resultados com a mudança cultural.

Ademais, não adianta apenas a empresa contratar indivíduos diversificados (PCD, negros, mulheres), mas torna-se de substancial importância que se realizem procedimentos internos que valorizem a inserção do funcionário, ou seja, que tornem o funcionário como membro real daquela estrutura empresarial, no sentido de conseguir aplicar conhecimentos e desenvolver habilidades.

> **Para saber mais**
>
> Para conhecer mais sobre o processo de inclusão, sugerimos a leitura do artigo: "Responsabilidade social empresarial: inclusão de pessoas com deficiência no mercado de trabalho", de Líbia Gomes Monteiro, Sônia Maria Queiroz de Oliveira, Suely Maria Rodrigues e Carlos Alberto Dias, disponível em: <https://www.scielo.br/pdf/rbee/v17n3/v17n3a08.pdf>.
>
> Indicamos ainda o trabalho: "Discriminação do gênero feminino no ambiente de trabalho: uma análise à luz da teoria institucional de Thorstein Veblen", de Martiele Gonçalves Moreira, disponível em: <http://dspace.unipampa.edu.br:8080/jspui/bitstream/riu/3955/1/Disserta%c3%a7%c3%a3o_Vers%c3%a3o%20FINAL.pdf>.

A empresa, ao contratar indivíduos diversificados para compor seu quadro de funcionários, deverá estar ciente da importância de se pensar no trabalhador de maneira integral, ou seja, não restritiva. Nesse sentido, Aranha (2004, p. 20) destaca:

> No âmbito da educação, a opção política pela construção de um sistema educacional inclusivo vem coroar um movimento para assegurar a todos os cidadãos, inclusive aos com necessidades educacionais especiais, a possibilidade de aprender a administrar a convivência digna e respeitosa numa sociedade complexa e diversificada.

Portanto, tornar a equipe de trabalho como um todo indissociável é parte necessária de qualquer empresa, pois, além dos bons frutos que poderá colher, é medida humana.

Destacamos que a diversidade é uma vantagem competitiva no ambiente empresarial, sendo uma excelente ferramenta concorrencial, como exemplifica a Figura 6.3, a seguir.

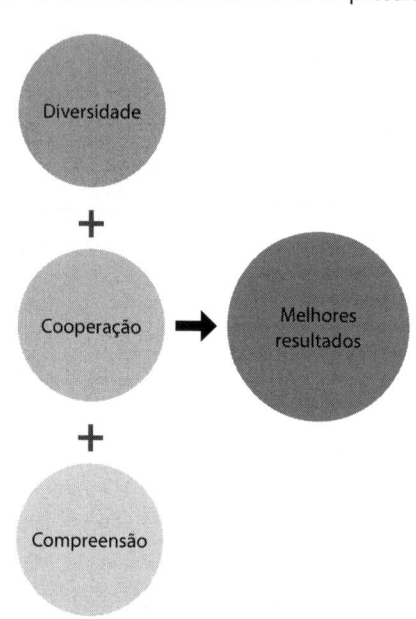

Figura 6.3 – **Efeitos da diversidade no ambiente empresarial**

Diversidade + Cooperação + Compreensão → Melhores resultados

Fonte: Elaborado com base em Aranha, 2004.

Por isso, em virtude das novas demandas apresentadas pelo mercado de trabalho, as empresas precisam estar preparadas para se adequar ao pluralismo, evitando fechar-se para o diferente. Nesse contexto, a gestão das empresas está cada vez mais comprometida em desenvolver técnicas que incluam e diversifiquem.

Para que seja possível aplicar métodos inclusivos a partir do processo educacional, torna-se necessário observar o cumprimento de alguns elementos, dos quais trataremos com detalhes a seguir.

Primeiramente, é preciso identificar situações que favoreçam a discussão sobre a inclusão no ambiente empresarial. O primeiro passo para compreender quais os métodos que devem ser aplicados é entender os meandros da corporação. As atividades só podem ser aplicadas quando se identifica o comportamento real dos funcionários e, a partir de então, são escolhidos os melhores métodos para aprimorar o desempenho da empresa.

É preciso analisar se ocorrem situações de discriminação no ambiente empresarial, no intuito de se obter um retrato fiel da realidade empresarial. Depois de identificar essas situações, devem ser examinadas as questões que permitam verificar se há processos que caracterizem discriminação e exclusão no ambiente empresarial, de modo que a empresa possa aplicar as medidas necessárias.

Deve-se identificar se existe alguma necessidade patente a ser discutida no ambiente empresarial. Essa etapa é essencial no processo de formação inclusiva, visto que, a partir da análise na etapa anterior, o responsável vai compreender qual o ponto principal a ser priorizado na instituição empresarial.

A empresa deve, ainda, discutir com os funcionários sobre o que é inclusão e como eles se posicionam sobre o tema. Após identificar temas que podem ser abordados no ambiente empresarial, a questão deve ser apresentada para a equipe com vistas a analisar o problema a partir de uma questão prática, reconhecendo as causas e as consequências desse processo no ambiente empresarial.

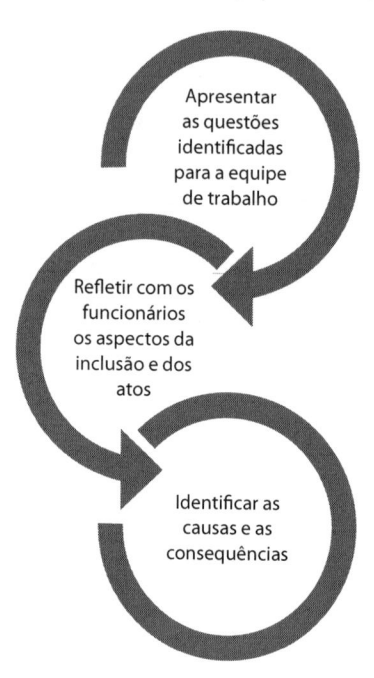

Figura 6.4 – Inclusão e envolvimento da equipe de trabalho

- Apresentar as questões identificadas para a equipe de trabalho
- Refletir com os funcionários os aspectos da inclusão e dos atos
- Identificar as causas e as consequências

Fonte: Elaborado com base em Aranha, 2004.

A empresa deve apresentar casos específicos de vários tipos de discriminação e analisar a reação de cada funcionário presente no espaço. Depois de identificar os possíveis casos de exclusão no ambiente corporativo, a organização poderá apresentar casos similares ocorridos entre outras empresas, a fim de despertar a reflexão sobre a importância da inclusão no ambiente empresarial.

Deve-se observar se a equipe de trabalho está aberta para possibilidades diferenciadas. A partir da etapa anterior, o gestor responsável pela aplicação de métodos vai checar se a equipe de trabalho se encontra aberta para possibilidades que venham a mudar a cultura da empresa.

A organização deve fornecer à equipe informações importantes sobre o processo de inclusão no ambiente empresarial. Tendo verificado como a equipe de trabalho se posiciona sobre as questões relacionadas ao processo de inclusão no ambiente empresarial, o responsável pelo processo de formação deverá informar aos profissionais quais são os benefícios da inclusão para a empresa.

Especificar medidas que devem ser aplicadas para favorecer a inclusão no ambiente empresarial também é uma etapa fundamental. Analisando a importância do processo de inclusão no ambiente empresarial, é preciso especificar as medidas que poderão ser aplicadas com o intuito de acarretar a inclusão no ambiente empresarial.

Também é recomendável convidar os funcionários para participar do processo de sistematização de medidas que venham a ser aplicadas no ambiente empresarial, com o intuito de favorecer a inclusão na empresa. A participação dos funcionários nesse processo é fundamental, já que saberão informar o que pode ser feito e como pode ser feito para melhorar o processo de inclusão no ambiente empresarial.

Figura 6.5 – Sistematização de medidas e a participação de funcionários

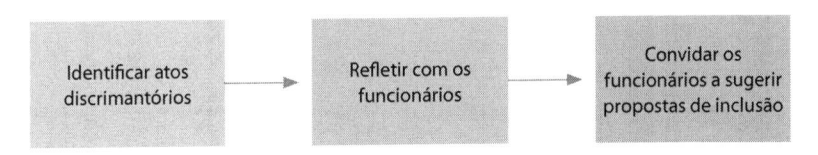

Identificar atos discrimantórios → Refletir com os funcionários → Convidar os funcionários a sugerir propostas de inclusão

Fonte: Elaborado com base em Aranha, 2004.

Sistematizar em parceria com a equipe as medidas mais urgentes a serem aplicadas no ambiente empresarial é a etapa seguinte. O objetivo é aplicar a inclusão, pois, com a participação dos profissionais no processo de construção da inclusão no ambiente empresarial, ficarão evidentes as medidas mais urgentes que devem ser aplicadas na empresa em vias de sedimentar a inclusão.

Por fim, é preciso discutir sobre as medidas apresentadas a fim de estruturá-las em um único documento para que, em seguida, sejam repassadas para os demais membros profissionais da empresa. Quando se destaca a necessidade de se criar mecanismos voltados para a inclusão empresarial, não se pode deixar de lado a necessidade de se pensar na disseminação das informações, ou seja, a empresa deve trabalhar com vistas a massificar as decisões que forem discutidas com a participação dos funcionários a partir de situações identificadas na própria estrutura institucional.

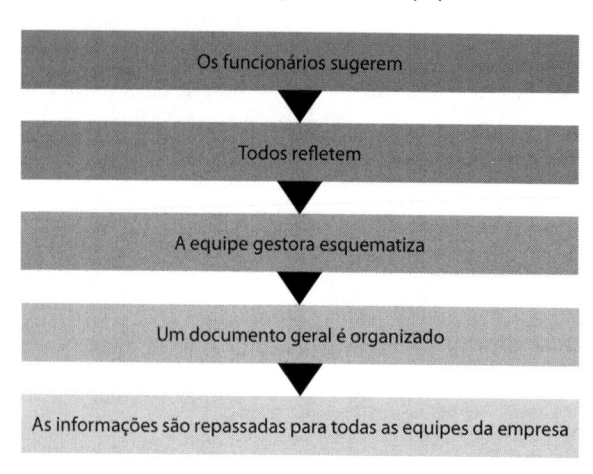

Figura 6.6 – Esquematização das sugestões da equipe

- Os funcionários sugerem
- Todos refletem
- A equipe gestora esquematiza
- Um documento geral é organizado
- As informações são repassadas para todas as equipes da empresa

Fonte: Elaborado com base em Aranha, 2004.

Exercício resolvido

Incluir e diversificar é essencial para o processo de desenvolvimento político-econômico de qualquer empresa. Nesse contexto, surge a necessidade de se construir um sistema capaz de trabalhar diretamente com toda a equipe de trabalho, a fim de favorecer o propósito da inclusão. Assinale a alternativa que apresenta uma das etapas necessárias para construir a cultura da integração no ambiente empresarial.

a) A empresa deve sempre pagar salários iguais, independentemente da função que o funcionário desempenha na empresa.

b) Os salários devem ser os maiores do mercado, para que os funcionários habilidosos estejam sempre disputando as vagas.

c) A empresa deve valorizar a mão de obra para propiciar a seus funcionários o desenvolvimento de suas habilidades.

d) Contratar os funcionários que são originários das melhores instituições de ensino do Brasil e do mundo, visto que terão a consciência do que seria inclusão.

e) A gestão empresarial não precisa conhecer seu funcionário, pois isso é tarefa do setor de RH no momento da contratação do funcionário.

GABARITO: C

Feedback: Valorizar o indivíduo é condição necessária para que se consiga construir um ambiente de trabalho com satisfação.

A gestão empresarial responsável pelos métodos de inclusão deve perceber que aplicar qualquer atividade integrativa exigirá um processo longo, já que não é uma medida exata e depende da participação de todos os funcionários da empresa.

Portanto, o processo de inclusão no ambiente corporativo tem como pressuposto essencial a garantia de inserir todos os profissionais da empresa de maneira igualitária, viabilizando legitimidade para que sigam os caminhos necessários para cumprir as demandas empresariais.

Quando pensamos na questão da inclusão dessa forma, percebemos que a equidade educativa no ambiente escolar também pode ser aplicada no ambiente empresarial, pois, quando não se aplica a inclusão efetiva dos funcionários na equipe de trabalho, a possibilidade de surgirem problemas sociais posteriormente será bem maior.

Essa situação tem relação direta com o direito de o cidadão estar sendo suprimido em um espaço que é seu e, portanto, a inclusão deve ocorrer levando em consideração sempre as nuances de cada diferença, como é o caso dos indivíduos PCD. Entretanto, convém destacar que as peculiaridades apresentadas pelos sujeitos não podem ser fatores que venham a reduzir as expectativas e as habilidades do profissional.

Diferentemente do que se imagina, os profissionais devem ter as mesmas possibilidades de trabalho para que as habilidades sejam desenvolvidas de maneira equitativa. Procedendo dessa maneira, a empresa possibilita uma mudança necessária na estrutura cultural da empresa, destacando-a, portanto, como um instrumento que não apenas aceita as diferenças, mas que trabalha envidando esforços para favorecer a diversidade no ambiente empresarial. "O objetivo da inclusão não é apagar as diferenças, mas sim permitir que todos os alunos pertençam a uma comunidade educacional que valida e valoriza a sua individualidade" (Ainscow; Cesar, 2006, p. 232, tradução nossa).

Portanto, os métodos de inclusão devem girar em torno da valorização do funcionário no ambiente de trabalho, no sentido de possibilitar a partilha de experiências e, consequentemente, o favorecimento do mercado concorrencial.

Procedendo dessa forma, a empresa vai se encontrar no processo de adaptação das diferenças apresentadas pelos seus funcionários e passará a conceber a diversidade como uma ferramenta de desenvolvimento integral da empresa, conforme mostra a Figura 6.7.

Figura 6.7 – Importância da diversidade no ambiente empresarial

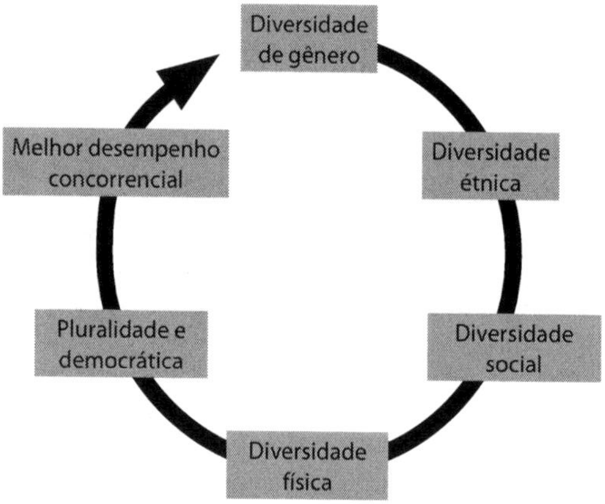

- Diversidade de gênero
- Diversidade étnica
- Diversidade social
- Diversidade física
- Pluralidade e democrática
- Melhor desempenho concorrencial

Fonte: Elaborado com base em Ainscow; César, 2006.

Para melhorar seus aspectos concorrenciais, a empresa deverá transformar seu núcleo de funcionamento, ou seja, possibilitar a mudança de comportamento cultural no sistema empresarial com o objetivo único de aprimorar seu desempenho.

Portanto, a empresa que deseja ser inclusiva deve aceitar que está em constante movimento, ou seja, estará propensa às mudanças na estrutura e no comportamento. Para que seja possível atingir o objetivo central, que é a inclusão total em todos os processos empresariais, destacamos a necessidade de todo o corpo de funcionários estar consciente das mudanças que trarão equidade e bons resultados.

Assim, a organização deve iniciar o procedimento de inclusão a partir de um planejamento de gestão, ou seja, trata-se de um processo voltado para o desenvolvimento completo das atividades desempenhadas na empresa e, por isso, deve ser considerado um processo global.

O planejamento da gestão empresarial deve ponderar que a empresa, conforme já mencionamos, pode se destacar dos concorrentes quando se utiliza da diversidade para compor sua equipe de funcionários, visto que a diversidade de experiências possibilitará atingir um maior número de pessoas (pretensos clientes), pois entra naquele sistema de identidade com a marca empresarial.

Essa tomada de decisão deve partir de uma reflexão conjunta dos gestores da empresa, pois, como sabemos, a mudança no modo de contratar os novos profissionais vai modificar substancialmente a forma como a empresa se comportará no mercado concorrencial.

Quando pensamos na mudança do processo seletivo dos funcionários para compor a equipe profissional, constatamos que a empresa se encontra aberta para novas possibilidades, e isso influencia diretamente o processo de contratação de bons funcionários.

Tal questão é simples de ser compreendida, pois muitos profissionais capacitados preferem estar em empresas que valorizem o indivíduo, ou seja, que sejam mais inclusivas, conforme várias pesquisas e estudos já apontaram.

Se empresa inclusiva é aquela que gera oportunidades de maneira equitativa para todos os funcionários, as posições que podem ser observadas na empresa devem ser compostas de acordo com capacidades técnicas e considerando também a diversidade.

Sendo assim, se um funcionário sai de uma empresa para outra em busca de inclusão e valorização do ser humano, ao estar inserido nesse contexto diversificado, estará satisfeito e desempenhará suas funções com mais qualidade. O esforço de todos os membros que compõem a empresa será consciente e mais engajado, pois existe uma motivação para fazê-lo.

Como consequência desse processo, a comunicação entre funcionários e equipes de trabalho será diferenciada, suprimindo inclusive atos discriminatórios entre si, visto que os funcionários conseguirão compreender não apenas as necessidades das equipes, mas especialmente identificar qual o melhor procedimento a ser aplicado no caso em que se apresenta.

Quando mencionamos o processo de comunicação, não nos referimos apenas ao tipo polido e respeitoso para tratar com o outro, mas também à utilização de ferramentas que possibilitem a comunicação de pessoas com algum tipo de deficiência e que, por isso, precisam de uma maneira diferenciada de comunicação.

> **Exemplificando**
>
> O processo de comunicação adequado no âmbito empresarial faz uso de ferramentas que possam favorecer a comunicação direta de pessoas com deficiência, como os deficientes visuais. Uma empresa inclusiva, ao ter em seu quadro de funcionários uma pessoa com deficiência visual, deverá ter mecanismos que possibilitem não apenas o acesso ao funcionário em seu prédio, mas especialmente que viabilizem a compreensão da comunicação escrita. Atualmente, é possível identificar em vários órgãos e empresas do Brasil a utilização de *softwares* que viabilizam o desenvolvimento da atividade do deficiente visual. Com uso de máquinas e *softwares* específicos, o profissional com deficiência poderá ter acesso ao conteúdo escrito de e-mails e, ainda, respondê-los de forma escrita.

Para que a inclusão seja passível de aplicação, observamos que a empresa deve realizar um estudo sobre acessibilidade, com o objetivo de retirar todos os obstáculos. Por meio de um estudo de acessibilidade, será possível identificar os pontos positivos e negativos da empresa e como é possível melhorar para que os aspectos negativos venham a ser sanados.

Como mencionamos anteriormente, o processo de inclusão ocorre de modo contínuo e permanente, em virtude das mudanças que surgem na sociedade, por isso, a gestão de planejamento da empresa deve estar sempre pensando em melhorar a inclusão. Para tanto, uma análise de indicadores de inclusão deve ser realizada periodicamente, para identificar possíveis falhas e implementar melhorias.

É sensato pensar que o procedimento para a inclusão dos funcionários ocorre desde o momento de sua contratação, quando ficar claro que a chegada daquele novo membro não decorre de sua condição para compor o índice de cotas, mas porque ele tem habilidades que podem ser desenvolvidas na empresa, conforme se observa na relação entre o aproveitamento das habilidades e a valorização do indivíduo. A Figura 6.8 exemplifica essa situação.

Figura 6.8 – Valorização do indivíduo e de suas habilidades

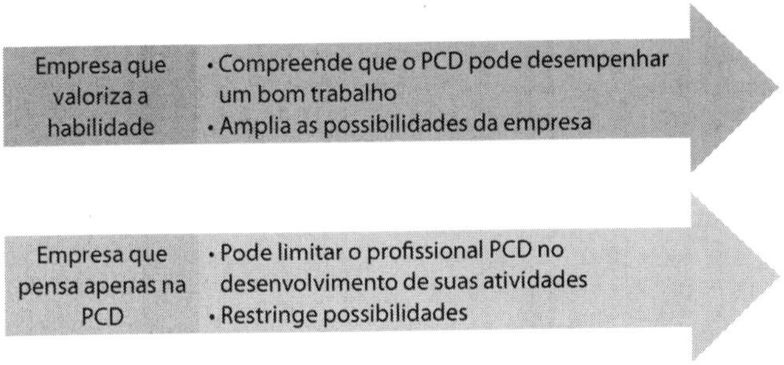

Empresa que valoriza a habilidade
- Compreende que o PCD pode desempenhar um bom trabalho
- Amplia as possibilidades da empresa

Empresa que pensa apenas na PCD
- Pode limitar o profissional PCD no desenvolvimento de suas atividades
- Restringe possibilidades

Fonte: Elaborado com base em Ainscow; César, 2006.

Contudo, para que o funcionário possa atuar de maneira adequada, ou seja, para que consiga desempenhar a sua função com qualidade, não podemos deixar de mencionar a importância da capacitação permanente da equipe de funcionários.

A questão pode ser compreendida de modo simples, quando percebemos que o funcionário deve moldar-se às necessidades recorrentes que surgem no mercado. Para que isso seja possível, a empresa deve proporcionar treinamentos e capacitações para que todos os funcionários encontrem-se em pé de igualdade para aplicar suas habilidades.

Dessa forma, a educação será inclusiva no ambiente empresarial, quando o método que se deseja aplicar está voltado para todos os funcionários da empresa indistintamente, pois o objetivo é gerar oportunidades iguais para todos. Afinal de contas, todos devem ser incluídos, e a falta de conhecimento sobre determinada situação empresa pode tornar-se, futuramente, um mecanismo de exclusão.

Assim, não podemos pensar em inclusão sem a participação de todos integralmente no processo de desenvolvimento das atividades empresariais. Por isso, novamente, destacamos a necessidade de ser um processo permanente, que deve ser aplicado desde o processo seletivo até o exercício da função do profissional.

A transformação empresarial, dessa maneira, deve ser algo constante e depende, essencialmente, do tipo de formação que será dado ao corpo de funcionários.

O funcionário que se encontra na condição PCD, ou em qualquer outra situação que o caracterize como diferente, precisa ser acolhido e capacitado para o exercício das funções que lhes forem atribuídas.

Caso o funcionário não consiga desempenhar a função que lhe coube, conforme os objetivos da empresa, deve-se considerar que nem sempre o descumprimento de metas e objetivos da empresa estão relacionados com a falta de capacidade técnica, mas à falta de compreensão da condição do indivíduo que desenvolve funções laborais na empresa.

Exercício resolvido

O procedimento para a inclusão dos funcionários ocorre desde o momento de sua contratação, quando fica claro que a chegada daquele novo membro não decorre de sua condição para compor o índice de cotas, mas porque ele tem habilidades que podem ser desenvolvidas na empresa. Assinale a alternativa que indica corretamente qual deve ser o pensamento de uma gestão empresarial no momento da realização de um processo seletivo.

a) É necessário contratar o profissional mais habilidoso, ou seja, detentor das melhores técnicas, sem priorizar sua capacidade de estabelecer relações interpessoais em ambientes diversificados.

b) Contratar bons profissionais é importante, contudo, deve ser levado em consideração que, durante o desenvolvimento do trabalho do funcionário, a empresa vai aplicar medidas de formação com o objetivo de melhorar o desempenho e ampliar possibilidades dentro da empresa para aquela pessoa.

c) A empresa não deve preocupar-se com capacitações, pois, se o funcionário é originário de uma excelente instituição, não haverá problemas no âmbito de seu desempenho profissional.

d) A empresa não precisa preocupar-se com possíveis erros praticados pelo novo profissional, pois, caso algum problema surja quando da prática de suas atividades laborais, a culpa é especificamente do funcionário, que não procurou saber como deve desempenhar suas funções.

e) Um trabalhador com deficiência terá todo o ônus das ferramentas que deverá utilizar para desempenhar suas funções na empresa, pois esta já cumpre sua parte social com a contratação de PCD em suas instalações.

GABARITO: B
Feedback: A inclusão é um processo permanente que deve ser aplicado desde o processo seletivo até o exercício da função do profissional. A transformação empresarial é constante e depende, essencialmente, do tipo de formação que será dado ao corpo de funcionários.

Reforçamos que não podemos falar de inclusão no processo empresarial se a gestão não tiver conhecimento das habilidades e necessidades de seus funcionários. Isso é parte essencial do processo de conhecimento do outro, das diferenças e, acima de tudo, de viabilizar mecanismos que favoreçam o desempenho do funcionário.

Se existem objetivos que podem ser identificados a partir da execução da função social da empresa, destacamos que estes não se limitam ao ganho de mercado e, consequentemente, de lucros, mas também ponderam que a diferença contribui com igualdade, solidariedade e fraternidade.

Síntese

- A educação é processo importante para todas as áreas da sociedade, inclusive para a empresarial, pois isso está diretamente relacionada com a qualidade do serviço prestado e com o próprio desenvolvimento da sociedade.
- A educação no Brasil, de acordo com a Constituição Federal, deve ser para todos, independentemente de condição social, de gênero, econômica ou política.
- A igualdade no processo educacional também deve ser aplicada nas questões observadas no mercado de trabalho, ou seja, as empresas devem aplicar medidas que possam incluir pessoas diversificadas, independentemente de sua condição.
- As empresas que adotam o método de inclusão em sua estrutura têm destaque no mercado concorrencial, pois os clientes acabam por se identificar com a política apresentada pela empresa.
- Após a contratação, a empresa deve aplicar medidas que possam capacitar toda a equipe no sentido de suprimir qualquer ato de discriminação, de modo a gerar possibilidades iguais para todos os funcionários.

Estudo de caso I

Texto introdutório

O presente caso aborda a situação de um jovem programador PCD que, ao ser contratado por uma empresa de tecnologia, é colocado para trabalhar em uma sala escondida, sem acesso aos demais membros da equipe. O profissional era totalmente esquecido na empresa, não participava das reuniões do setor nem dos momentos de capacitação.

Texto do caso

Rodrigo tem 28 anos, é formando em Psicologia pela Universidade Federal de Campina Grande – Paraíba. Tem deficiência visual e trabalha na empresa *Comunique-se* há exatamente um ano. O local de trabalho do funcionário é uma sala distante do núcleo de atividades de sua equipe de trabalho e, por isso, não tem nenhum contato com os demais membros da equipe. Mesmo a empresa proporcionando uma vez por dia no início da jornada de trabalho um encontro com todos os membros da equipe, no intuito de discutir as diretrizes que serão aplicadas no setor, Rodrigo nunca conseguiu participar, pois o encontro durava cerca de 20 minutos e o local destinado ao encontro era de difícil acesso e não havia sinalização adequada para deficientes visuais, o que impedia Rodrigo de chegar em segurança, mesmo com a ajuda de seu cão guia "Virgulino". Ao final do primeiro ano de trabalho, com a avaliação de funcionário realizada pela empresa, Rodrigo recebeu uma nota baixa, em virtude da falta de envolvimento com os demais membros da equipe de trabalho.

Diante disso, reflita sobre o processo de desenvolvimento profissional de Rodrigo com base na importância da inclusão que as empresas devem aderir em sua estrutura. Descubra e defina de quem é o erro quanto à falta de envolvimento de Rodrigo com os demais membros da equipe.

Trace objetivos para a intervenção da empresa para que Rodrigo tenha a possibilidade de desenvolver habilidades. Com essa base sedimentada, proponha intervenções pedagógicas e atividades a serem realizadas com os envolvidos na situação: Rodrigo, inclusão, equipe, empresa.

Dica 1

Muitos métodos podem ser utilizados para auxiliar o processo de ensino e aprendizagem de um adulto no ambiente de trabalho. O vídeo indicado a seguir é um registro de Aarón Moshi e informa alguns aspectos sobre como construir uma equipe colaboradora no ambiente de trabalho. Na sequência, indicamos um vídeo que apresenta regras de etiqueta, as quais, ao serem aplicadas, favorecem a boa convivência no ambiente de trabalho.

Analise as concepções apresentadas em ambos os vídeos e reflita sobre a importância da boa convivência no ambiente de trabalho, buscando compreender os direitos e as obrigações individuais que, ao ser observados, podem propiciar um ambiente de trabalho satisfatório.

AARÓN RUIZ. **Como promover uma empresa feliz**. Disponível em: <https://www.youtube.com/watch?v=rEogXhftWj4>. Acesso em: 28 out. 2021.

LINKQUALITY. **Educação no ambiente de trabalho**. Disponível em: <https://youtu.be/1Ude3751oOo>. Acesso em: 28 out. 2021.

Dica 2

Como tornar a inclusão um mecanismo diferencial no mercado concorrencial da empresa?

No vídeo indicado a seguir, é possível compreender alguns aspectos de discriminação em virtude de uma ave ser diferente das demais. A partir do que se apresenta neste curta metragem, reflita como o processo de inclusão torna-se uma ferramenta positiva para a empresa.

HELEM OLIVEIRA. **A importância de cada um no grupo e o respeito**. Disponível em: <https://youtu.be/vb-3NdH75do>. Acesso em: 28 out. 2021.

Estudo de caso II

Texto introdutório

O presente caso aborda a situação de uma empresa que foi indica pela WWF (organização não governamental de defesa ao meio ambiente) como uma empresa do setor de modas que não respeita o meio ambiente.

Texto do caso

Azaroseu é uma empresa de moda radicada no Brasil, mas internacionalmente conhecida por sua longa tradição em lançar lindas tendências no setor de moda. Quando a empresa lança uma nova campanha, todos os itens da estação esgotam rapidamente nas prateleiras. A Azaroseu é conhecida pelo excelente material que utiliza para fabricar suas peças e, ainda, pelo uso de pele de animal na fabricação de calçados. Entretanto, certo dia, a WWF publicou uma nota sobre a importância da proteção ambiental, informando que muitas empresas de moda não tomam cuidado com a proteção ao meio ambiente e colocou expressamente que a empresa Azaroseu está na lista das empresas que não devem ser apoiadas pela população. Como consequência desse processo, os índices de vendas despencaram drasticamente. Preocupados com o resultado da nota emitida pela WWF, a direção da empresa se reuniu com todos os gestores de equipe para refletir e buscar uma solução para o problema.

Diante disso, reflita sobre a possibilidade de aplicação de medidas educacionais com vistas mudar o comportamento de produção da empresa. Descubra e defina os métodos que podem ser aplicados pela empresa no sentido de recuperar o mercado de modas.

Trace objetivos para a intervenção na empresaque possam auxiliar seu desempenho. Proponha intervenções pedagógicas e atividades a serem realizadas com os envolvidos na situação: meio ambiente, empresa e sociedade.

Resolução

Pensar na criação de espaços institucionalizados que compreendam a interdisciplinaridade como elemento de substancial importância se torna o ponto de inflexão no aperfeiçoamento da mão de obra de profissionais no âmbito empresarial.

Nesse sentido, de acordo com Paviani (2018), a interdisciplinaridade produz bons resultados no cenário da aprendizagem, visto que a flexibilidade no processo de aprendizagem é ponto importante, pois contraria os aspectos tradicionais apresentados. Seguem sugestões de ações com o intuito de desenvolver a preocupação com o meio ambiente:

- Realizar um curso de aperfeiçoamento sobre práticas de sustentabilidade para a fabricação de peças de moda, ou seja, sem que haja a utilização de peles de animais.
- Analisar as propostas de sustentabilidade que podem surgir das equipes de trabalho.
- Propiciar a criatividade, a colaboração, a inovação e a persistência da equipe, para favorecer os números de atividades da empresa.
- Investir em *marketing* publicitário, apresentando a empresa como amiga do meio ambiente e com uma cultura empresarial diferenciada.

Dica 1

É possível desenvolver um trabalho de educação interdisciplinar nas equipes de trabalho?

No vídeo a seguir, podemos compreender alguns aspectos da interdisciplinaridade em atendimentos aos pacientes que buscam serviços de saúde. Com base no conteúdo do vídeo, reflita como é possível pensar no processo interdisciplinar no ambiente da saúde.

UNIFASE. Em questão: a importância do trabalho multidisciplinar na saúde. Disponível em: <https://youtu.be/woqvOSD7DJw>. Acesso em: 28 out. 2021.

Para concluir...

A relevância da pedagogia no ambiente empresarial reside – entre tantos outros fatores – na importância dessa arte para a formação integral dos sujeitos e na necessidade humana nos ambientes profissionais, e a aprendizagem não se encerra em momento algum, mas faz parte de um todo necessário para que a sociedade esteja sempre buscando seu aperfeiçoamento. Essa é a concepção filosófica que sintetiza as contribuições teóricas, as provocações reflexivas e as proposições pedagógico-empresariais apresentadas nos seis capítulos da presente obra.

As considerações introdutórias da seção inaugural deste livro expuseram alguns dos desafios enfrentados em sua elaboração, com destaque para a seleção dos temas (e as implicações ideológicas, filosóficas e educacionais dessa tomada de decisão), a articulação entre saberes teóricos e práticos (reconhecendo-se que tais saberes estão em constante transformação) e o foco na interdisciplinaridade, de modo a promover a aproximação entre subáreas da pedagogia, da administração de empresas e da educação.

Buscando superar alguns desses desafios, optamos por referenciar uma parcela significativa da literatura especializada e dos estudos científicos a respeito dos temas abordados. Além disso, apresentamos uma diversidade de indicações culturais para enriquecer o processo de construção de conhecimentos aqui almejado e procuramos oferecer aportes práticos para o exercício da pedagogia empresarial, sugerindo atividades e incentivando você, leitor, a elaborar as próprias propostas de intervenção pedagógica-empresarial.

Com base nesses aportes, acreditamos que o exercício da pedagogia empresarial deve apoiar-se em iniciativas mediadoras que estimulem e orientem os aprendizes em direção ao que é inerente à natureza humana: aprendizagem.

Bibliografia comentada

ALLI, S. et al. **O que as empresas podem fazer pela inclusão das pessoas com deficiência**. São Paulo: Instituto Ethos, 2002.

Essa obra retrata a importância de pensar a inclusão como um compromisso social que as empresas devem ter para contribuir com o desenvolvimento social como um todo, visto que, quando se parte do estudo sobre diversidade no ambiente empresarial, compreende-se a necessidade de se pensar de maneira em que seja possível viver em plena harmonia no ambiente de trabalho. A obra reúne informações importantes sobre a realidade do mercado de trabalho no que se refere a aspectos de discriminação e de desigualdades sociais. Ainda, é possível perceber, durante a leitura, que a empresa desempenha um papel importante no ambiente social quando introduz medidas capazes de suprimir as diferenças e estabelecer políticas de igualdade.

BAHIA, M. S. **Responsabilidade social e diversidade nas organizações**: contratando pessoas com deficiência. Rio de Janeiro: Qualitymark, 2006.

Essa obra é um diferencial para os gestores de empresas, pois apresenta uma nova perspectiva no processo de contratação de indivíduos PCD, deixando de tratar como fardo e passando a considerar uma grande possibilidade de destaque no mercado concorrencial. É possível perceber que a empresa, para que implemente o panorama da inclusão, deve atuar garantindo que seus funcionários desenvolvam habilidades quando inseridos na empresa. A obra apresenta boas técnicas que podem ser aplicadas nas empresas no intuito de trabalhar a inclusão.

FREIRE, S. Um olhar sobre a inclusão. 2008. **Revista da Educação**, v. XVI, n. 1, p. 5-20, p. 2008. Disponível em: <https://docplayer.com.br/65374-Um-olhar-sobre-a-inclusao.html>. Acesso em: 28 out. 2021.

A referida obra apresenta a importância do processo de inclusão no ambiente educacional como forma de fazer a sociedade a refletir sobre o diferencial da educação inclusiva. Também é possível compreender que o sistema político que trabalha com educação inclusiva desde cedo tende a apresentar menos dificuldades no processo de inserção de pessoas PCD e incluídas em outras diversidades no ambiente de trabalho.

PINSKY, J; ELUF, L. N. **Brasileiro (a) é assim mesmo:** cidadania e preconceito. 6. ed. São Paulo: Contexto, 2000.

Essa obra é diferenciada por abordar a análise das origens do preconceito. É possível compreender o motivo pelo qual muitas das empresas acabam por não aplicar medidas de inclusão em suas estruturas e, ainda, adotam elementos discriminatórios com pessoas e situações na empresa, prejudicando, portanto, a sedimentação dos direitos fundamentais e a dignidade humana.

Referências

AINSCOW, M.; CESAR, M. Inclusive Education Ten years after Salamanca: Setting the Agenda. **European Journal of Psychology of Education**, v. XXI, n. 3, p. 231-238, 2006.

ALLI, S. et al. **O que as empresas podem fazer pela inclusão das pessoas com deficiência**. São Paulo: Instituto Ethos, 2002.

ANTONELLO, C. S. A metamorfose da aprendizagem organizacional: uma revisão crítica. In: RUAS, R. et al. **Os novos horizontes da gestão**: aprendizagem organizacional e competências. Porto Alegre: Bookman, 2005.

ARANHA, M. S. F. Projeto Escola Viva: alunos com necessidades educacionais especiais – visão histórica. Brasília: MEC; SEESP, 2004. p. 7-39. v. 1.

BAHIA, M. S. **Responsabilidade social e diversidade nas organizações**: contratando pessoas com deficiência. Rio de Janeiro: Qualitymark, 2006.

BANCO MUNDIAL. **Relatório sobre o desenvolvimento mundial**: o trabalhador e o processo de integração mundial. Washington, 1995.

BONATTO, A. et al. Interdisciplinaridade no ambiente escolar. In: APEND SUL – Seminário de Educação em Pesquisa da Região Sul, 9., 2012. **Anais...**, 2012.

BORGES F. A. et al. Analysis of Professional Implication as a Tool of Permanent Education in Health. **Rev Latino-Am Enfermagem**. 2019. Disponível em: <https://pubmed.ncbi.nlm.nih.gov/31596420/>. Acesso em: 28 out. 2021.

BRASIL. Constituição (1988). **Diário Oficial da União**, Brasília, DF, 5 out. 1988.

BRASIL. Decreto 3.298, de 20 de dezembro de 1999. **Diário Oficial da União**, Poder Executivo, Brasília, DF, 21 dez. 1999. Disponível em: <http://www.planalto.gov.br/ccivil_03/decreto/d3298.htm>. Acesso em: 28 out. 2021.

BRASIL. Educação corporativa: conceitos. **Portal Brasil**, 2015. Disponível em: <http://www.educor.desenvolvimento.gov.br/universidades>. Acesso em: 1º set. 2021.

BRASIL. Ministério da Educação. Secretaria de Educação Média e Tecnológica. **Parâmetros Curriculares Nacionais: Ensino Médio.** Brasília: Ministério da Educação, 2002.

BRASIL. Ministério da Saúde. Secretaria de Gestão do Trabalho e da Educação na Saúde. **Educação permanente em saúde.** Brasília, 2014. Disponível em: <https://bvsms.saude.gov.br/bvs/folder/educacao_permanente_saude.pdf>. Acesso em: 28 out. 2021.

BRASIL. Ministério da Saúde. Secretaria de Vigilância em Saúde. Departamento de Vigilância Epidemiológica. **Educação Permanente como ferramenta estratégica de gestão de pessoas**: Experiências exitosas da cooperação entre a Secretaria-Executiva do Ministério da Saúde e a Fundação Oswaldo Cruz. Brasília, Ministério da Saúde, 2018. Disponível em: <http://bvsms.saude.gov.br/bvs/publicacoes/educacao_permanente_ferramenta_estrategica_gestao_pessoas.pdf>. Acesso em: 28 out. 2021.

BRASIL. **Política Nacional de Educação Permanente do SUAS.** Brasília: MDS, 2013. Disponível em: <http://aplicacoes.mds.gov.br/sagirmps/ferramentas/docs/POLITICA_NACIONAL_DE_EDUCACAO_PERMANENTE_DO_SUAS.pdf>. Acesso em: 28 out. 2021.

BURSZTYN, M. Interdisciplinaridade: é hora de institucionalizar! **Ambiente & Sociedade**, ano II, n. 5, 2º semestre 1999. Disponível em: <https://www.scielo.br/pdf/asoc/n5/n5a19.pdf>. Acesso em: 28 out. 2021.

CARLOS, J. G. **Interdisciplinaridade no ensino médio**: desafios e potencialidades. 2007. 171 f. Dissertação (Mestrado em Ensino de Ciências) – Universidade de Brasília, Brasília, 2007. Disponível em: <https://www.pucsp.br/prosaude/downloads/territorio/o-que-e-interdisciplinaridade.pdf>. Acesso em: 28 out. 2021.

CECCIM, R. B.; FERLA, A. A. Educação permanente em saúde. In: **Dicionário da Educação Profissional em Saúde.** Disponível em: <http://www.sites.epsjv.fiocruz.br/dicionario/verbetes/edupersau.html>. Acesso em: 28 out. 2021.

CECCIM, R. B.; FERLA, A. A. Educação permanente em saúde. **Interface–Comunic, Saúde, Educ**, v. 9, n. 16, p. 161-177, 2009. Disponível em: <http://www.escoladesaude.pr.gov.br/arquivos/File/textos%20eps/educacaopermanente.pdf>. Acesso em: 28 out. 2021.

CESCO, S.; MOREIRA, R. J.; LIMA, E. de F. N. de. Interdisciplinaridade, entre o conceito e a prática. **Revista Brasileira de Ciências Sociais**, v. 29, n. 84, fev. 2014. DIsponível em: <https://www.scielo.br/j/rbcsoc/a/Y8GQHrGWRcfmYLjmXp8rrFF/?lang=pt&format=pdf>. Acesso em: 8 nov. 2021.

COELHO, M. A. P.; DUTRA, L. R.; MARIELI, J. M. **Andragogia e heutagogia práticas emergentes na educação**. 2016. Disponível em: <http://fsj.edu.br/transformar/index.php/transformar/article/viewFile/87/83>. Acesso em: 28 out. 2021.

COLLARES, C. A. L.; MOYSÉS, M. A. A.; GERALDI, J. A. Educação continuada: a política da descontinuidade. **Revista Educação e Sociedade**, ano XX, n. 68, dez. 1999.

EBOLI, M. **Educação corporativa no Brasil**: da prática à teoria. In: ENCONTRO DA ANPAD, 26., Rio de Janeiro: ANPAD, 2004. Disponível em: <http://www.anpad.org.br/admin/pdf/enanpad2004-grt-1816.pdf>. Acesso em: 17 ago. 2021.

EBOLI, M. (Org.) **Educação para as empresas do século XXI**. São Paulo: Schmukler Editores Ltda., 1999.

EBOLI, M. Educação corporativa e desenvolvimento de competências. In: DUTRA J. S.; FLEURY, M. T. L.; RUAS, R. L. (Org.). **Competências**: conceitos, métodos e experiências. São Paulo: Atlas, 2008. p. 172-192.

EBOLI, M. et al. Educação corporativa e desenvolvimento de competências: um estudo de caso no setor de auditoria. In: ENCONTRO DO ANPAD, 30., Salvador, 2006. Disponível em: <http://www.anpad.org.br/diversos/down_zips/10/enanpad2006-gpra-2864.pdf>. Acesso em: 28 out. 2021.

ESTEVES, L. P.; MEIRIÑO, M. A educação corporativa e a gestão do conhecimento. In: CONGRESSO NACIONAL DE EXCELÊNCIA EM GESTÃO, 9., 2015. Disponível em: <https://www.inovarse.org/sites/default/files/T_15_042M.pdf>. Acesso em: 28 out. 2021.

ESTÚDIO FOLHA. **Com educação corporativa, empresas engajam equipes e melhoram os resultados**. 2017. Disponível em: <https://estudio.folha.uol.com.br/senac/2017/11/1934428-com-educacao-corporativa-empresas-engajam-equipes-e-melhoram-os-resultados.shtml>. Acesso em: 28 out. 2021.

FAZENDA, I. C. A. **Interdisciplinaridade**: história, teoria e pesquisa. 4. ed. Campinas: Papirus, 1994.

FERREIRA, L. S. Ensino médio integrado. **Revista do Lhiste**, v. 2, n. 2, 2015.

FERREIRA, M.; GHIRALDELLO, L. **O benchmarking como ferramenta de gestão**: um estudo em departamento de viagens corporativas nas empresas. 2014. Disponível em: <https://www.pucpcaldas.br/graduacao/administracao/revista/artigos/v2014/Artigo31_2014.pdf>. Acesso em: 28 out. 2021.

FIGUEREDO, R. C. de et al. Desafios e perspectivas na educação permanente em saúde desenvolvida na atenção primária: uma revisão bibliográfica. **Revista Científica do ITPAC**, Araguaína, v. 7, n. 4, out. 2014. Disponível em: http://nephrp.com.br/site/wp-content/uploads/2017/03/Desafios-e-Perspectivas-na-Educa%C3%A7%C3%A3o-Permanente-em-sa%C3%BAde-desenvolvida-na-aten%C3%A7%C3%A3o-prim%C3%A1ria-uma-revis%C3%A3o-bibliogr%C3%A1fica.pdf>. Acesso em: 28 out. 2021.

FRANCELINO, V. de O. et al. **Educação corporativa e seus benefícios às organizações e aos colaboradores**: um estudo de caso da natura. 2016. Disponível em: <https://www.aedb.br/seget/arquivos/artigos16/352424.pdf>. Acesso em: 28 out. 2021.

FREIRE, P. **Ação cultural para liberdade e outros escritos**. 14. ed. Rio de Janeiro: Paz e Terra, 2011.

GATTI, B. A. Análise das políticas públicas para formação continuada no Brasil, na última década. **Revista Brasileira de Educação**, v. 13, n. 37, jan./abr. 2008. Disponível em: <https://www.scielo.br/pdf/rbedu/v13n37/06.pdf>. Acesso em: 28 out. 2021.

GATTI, B. Formação continuada de professores: a questão psicossocial. **Cadernos de Pesquisa**, São Paulo, n. 119, p. 191-204, 2003.

GOLDMAN, L. **Dialética e cultura**. Rio de Janeiro: Paz e Terra, 1979.

GOMES, D. **Educação corporativa**: tudo que você precisa saber sobre o assunto. 2021. Disponível em: <https://sambatech.com/blog/comunicacao-corporativa/educacao-corporativa/>. Acesso em: 28 out. 2021.

GONÇALO, C. R.; BORGES, M. de L. A Gestão do conhecimento organizacional. In: BITENCOURT, C. (Org.). **Gestão contemporânea de pessoas**: novas práticas, conceitos tradicionais. 2. ed. Porto Alegre: Artmed, 2010.

GRAMSCI, A. **La alternativa pedagógica**. Barcelona: Fontamara, 1981.

JAPIASSU, H. **Interdisciplinaridade e patologia do saber**. Rio de Janeiro: Imago, 1976.

KNOWLES, M. S. The Adult Learner: a Neglected Species. Houston, TX: Gulf Publishing Company, 1973.

LE BOTERF, G. **Desenvolvendo a competência dos profissionais**. Porto Alegre: Artmed, 2003.

LINDEMAN, E. C. The Meaning of Adult Education. Norman: University of Oklahoma, 1989.

LOPES, S. Andragogia: por que ela é essencial para o treinamento corporativo? Disponível em: <https://blog.woli.com.br/andragogia-por-que-ela-e-essencial-para-o-treinamento-corporativo/>. Acesso em: 28 out. 2021.

LUCHESI, E. S. F. **Gestão do conhecimento nas organizações**. São Paulo, 2012. Disponível em: <http://www.cetsp.com.br/media/117897/nota%20tecnica%20221.pdf>. Acesso em: 28 out. 2021.

LUDOS PRO. Andragogia: descubra o que é e como utilizar na sua empresa. Disponível em: <https://www.ludospro.com.br/blog/andragogia>. Acesso em: 18 ago. 2021.

MARQUES, J. R. **Princípios da andragogia e seu papel no desenvolvimento dos adultos**. 2017. Disponível em: <https://www.jrmcoaching.com.br/blog/principios-da-andragogia-e-seu-papel-no-desenvolvimento-dos-adultos>/. Acesso em: 28 out. 2021.

MEISTER, J. C. **Educação corporativa**. São Paulo: Makron Books, 1999.

MINTZBERG, H. Strategy Formation: Schools of Thought. In: FREDRICKSON, J. W. (ed.). **Perspectives on Strategic Management**. Boston, MA: Ballinger, 1990, p. 105-135.

MONTEIRO, L. G. et al. Responsabilidade social empresarial: inclusão de pessoas com deficiência no mercado de trabalho. **Rev. Bras. Educ. Espec.**, Marília, v. 17, n. 3, p. 459-480, dez. 2011. Disponível em: <http://www.scielo.br/scielo.php?script=sci_arttext&pid=S1413-65382011000300008&lng=en&nrm=iso>. Acesso em: 28 out. 2021.

MUELLER, R. R. **Trabalho, produção da existência e do conhecimento**: o fetichismo do conceito de interdisciplinaridade. 115 f. Dissertação (Mestrado em Educação) – Programa de Pós-Graduação em Educação, Universidade Federal de Santa Catarina, Florianópolis, 2006.

MUNDIM, A. P. F. **Desenvolvimento de produtos e educação corporativa**. São Paulo: Atlas, 2002.

NONAKA, I., TAKEUCHI, H. **Gestão do conhecimento**. Porto Alegre: Bookman, 2008.

OLIVEIRA, G. **Os 7 princípios de sucesso da educação corporativa**: conectividade. 2015. Disponível em: <https://www.linkedin.com/pulse/os-7-princ%C3%ADpios-de-sucesso-da-educa%C3%A7%C3%A3o-corporativa-gean-oliveira-mba-3>. Acesso em: 28 out. 2021.

OLIVEIRA, N. M. G. de. **Interdisciplinaridade**: interdisciplinaridade – uma prática educativa. 41. f. (Monografia de Especialização) – Universidade Federal Tecnológica do Paraná, Medianeira, 2012. Disponível em: <http://repositorio.roca.utfpr.edu.br/jspui/bitstream/1/4688/1/MD_EDUMTE_I_2012_18.pdf>. Acesso em: 28 out. 2021.

OLIVEIRA, J. M. Pós-graduação para bibliotecários: educação em permanência. **Informação & Sociedade**, João Pessoa, PB, v. 9, n. 2, p. 1-10, jul./dez. 1999. Disponível em: <https://periodicos.ufpb.br/ojs2/index.php/ies/article/view/388/309>. Acesso em: 4 nov. 2021.

PALHANO, L. C. **Interdisciplinaridade da sustentabilidade empresarial**. 124 f. Dissertação (Mestrado em Engenharia de Produção) – Programa de Pós-graduação em Engenharia de Produção, Universidade Federal do Rio de Janeiro, 2012. Disponível em: <http://objdig.ufrj.br/60/teses/coppe_m/LaurelenaCrescencioPalhano.pdf>. Acesso em: 28 out. 2021.

PAVIANI, J. **Interdisciplinaridade**: conceitos e distinções. 2. ed. Caxias do Sul: Educs, 2008.

PEREIRA, L. D. et al. Educação permanente em saúde: uma prática possível. **Rev Enferm UFPE on line**, v. 12, n. 5, p. 1.469-1479, maio 2018.

PINSKY, J.; ELUF, L. N. **Brasileiro(a) é assim mesmo**: cidadania e preconceito. 6. ed. São Paulo: Contexto, 2000.

PORTER, M. **Competitive Advantage**: Creating and Sustaining Superior Performance. New York: The Free Press, 1985.

PRESIDENT'S COMMISSION ON INDUSTRIAL COMPETITIVENESS. **Global Competition**: The New Reality. Washington, D. C., U.S. Government Printing Office, 1985.

QUIRINO, G. M. R. Andragogia: a arte e a ciência de fazer o adulto a aprender. **Revista Científica Multidisciplinar Núcleo do Conhecimento**, ed. 2, ano 2, v. 1, p. 159-183, maio 2017.

RAIMANN, A. **A docência e os desafios da formação continuada em serviço**. 2015. Disponível em: <https://educere.bruc.com.br/arquivo/pdf2015/22501_10724.pdf>. Acesso em: 28 out. 2021.

REBOUÇAS, F. O que é gestão do conhecimento? **Blog da SBGC,** 2014. Disponível em: <http://www.sbgc.org.br/blog/o-que-e-gestao-do-conhecimento>. Acesso em: 28 out. 2021.

RIBEIRO, A. E. do A. **Pedagogia empresarial**: atuação do pedagogo na empresa. Rio de Janeiro: Wak, 2003.

RICALDONI, C. A. C.; SENA, R. R. de. Educação permanente: uma ferramenta para pensar e agir no trabalho de enfermagem. **Rev Latino-Am Enfermagem**, v. 14, n. 6, nov./dez. 2006. Disponível em: <https://www.scielo.br/pdf/rlae/v14n6/pt_v14n6a02.pdf>. Acesso em: 28 out. 2021.

SALM, J. F.; HEIDEMANN, F. G; MENEGASSO, M. E. Política de educação continuada corporativa: capacitação gerencial em empresa pública. **O&S**, v. 13, n. 39, out./dez., 2006. Disponível em: <https://www.scielo.br/pdf/osoc/v13n39/a08v13n39.pdf>. Acesso em: 28 out. 2021.

SANTOS, M. C. A. et al. **Educação continuada nas empresas**: em foco o papel do pedagogo. 2016. Disponível em: <https://portal.fslf.edu.br/wp-content/uploads/2016/12/EDUCACAO_CONTINUADA.pdf>. Acesso em: 28 out. 2021.

SAVIANI, D. **Pedagogia histórico-crítica:** primeiras aproximações. 8. ed. Campinas, SP: Autores associados, 2003.

SEGNINI, L. R. P. Educação e trabalho: uma relação tão necessária quanto insuficiente. **São Paulo Perspec.**, 2000, v. 14, n. 2, p. 72-81. Disponível em: <http://www.scielo.br/scielo.php?script=sci_arttext&pid=S0102-88392000000200011&lng=en&nrm=iso>. Acesso em: 28 out. 2021.

SEN, A. **O desenvolvimento como liberdade.** São Paulo: Companhia das Letras, 2000.

SENAC. **Convênios e parcerias.** Disponível em: <https://www.rj.senac.br/convenios-e-parcerias/>. Acesso em: 12 abr. 2021.

SENGE, P. M. **A quinta disciplina:** arte, teoria e prática da organização de aprendizagem. São Paulo: Best Seller, 1990.

SILVA, M. F. da; CONCEIÇÃO, F. A. da; LEITE, M. M. J. Educação continuada: um levantamento de necessidades da equipe de enfermagem. **Revista O Mundo da Saúde São Paulo**, ano 32, v. 1, p. 47-55, jan./mar. 2008.

SILVA, C.; FONSECA, V. S. Competitividade organizacional: uma tentativa de reconstrução analítica. In: ENANPAD, 20., 1996. **Anais...**, set. 1996, p. 207-222.

SPERBER, D. **"Why Rethink Interdisciplinarity?"**. Virtual Seminar Rethinking Interdisciplinarity. Paris, CNRS/Institut Nicod, 2003. Disponível em: <https://www.researchgate.net/publication/36734742_Why_rethink_interdisciplinarity>. Acesso em: 28 out. 2021.

SUGUIMATSU, M. T. F. Preservação da empresa e trabalho humano: perspectiva constitucional à luz da diretriz de tutela da pessoa. In: CONGRESSO NACIONAL DO CONPEDI, 17., 2008, Brasília-DF. **Anais...** Brasília: CONPEDI, 2008. Disponível em: <http://conpedi.org.br/manaus/arquivos/anais/brasilia/17_429.pdf>. Acesso em: 28 out. 2021.

TEIXEIRA, L. S. **Responsabilidade social empresarial.** Brasília: Câmara dos Deputados, 2004.

THIESEN, J. da S. A interdisciplinaridade como um movimento articulador no processo ensino-aprendizagem. **Rev. Bras. Educ.**, Rio de Janeiro. v. 13, n. 39, p. 545-554, dez. 2008. Disponível em: <http://www.scielo.br/scielo.php?script=sci_arttext&pid=S1413-24782008000300010&lng=en&nrm=iso>. Acesso em: 28 out. 2021.

UNESCO – Organização das Nações Unidas para a Educação, a Ciência e a Cultura. **Declaração de Hamburgo**: agenda para o futuro – V Conferência Internacional sobre Educação de Adultos. Brasília: Sesi/Unesco, 1999. Disponível em: <http://unesdoc.unesco.org/images/0012/001297/129773porb.pdf>. Acesso em: 28 out. 2021.

UNESCO – Organização das Nações Unidas para a Educação, a Ciência e a Cultura. **Educação de adultos em retrospectiva**: 6º anos de CONFINTEA. Brasília: Unesco, MEC, 2012. Disponível em: <http://unesdoc.unesco.org/images/0023/002305/230540por.pdf>. Acesso em: 28 out. 2021.

WERNECK, C. **Ninguém mais vai ser bonzinho na sociedade inclusiva**. 2. ed. Rio de Janeiro: WVA, 2000.

Sobre as autoras

Martiele Cortes Borges tem graduação em Administração (2012), especialização em Marketing (2015), mestrado em Agronegócios (2017) e está cursando doutorado em Agronegócios pela Universidade Federal do Rio Grande do Sul. Participa do grupo de pesquisa Grupo de Pesquisa em Estratégia, Internacionalização e Inovação (GPEI-UFRGS) e Grupo de Pesquisa em Sustentabilidade (GPS). Tem experiência docente no Instituto Federal de Educação, Ciência e Tecnologia Sul-rio-grandense (IFSul), onde atuou como professora substituta (2018-2019), além de ter atuado como tutora a distância no curso de Desenvolvimento Rural pela UAB/CAPES (2016) e como facilitadora em Maratonas de Empreendedorismo em outras instituições.

Giselly Santos Mendes é mestre em Qualidade Ambiental pela Universidade FEEVALE/RS, graduada em Tecnologia de Polímeros – Ênfase em Gestão da Qualidade e Administração de Empresas e Pedagogia Empresarial. Tem experiência na área da garantia da qualidade, auditorias internas, processos industriais, materiais poliméricos, ensaios mecânicos e sistemas de gestão ISO 9001, ISO 14001. Atua em iniciação científica e aperfeiçoamento acadêmico nas temáticas de inovação, gestão do conhecimento organizacional, gestão ambiental, sustentabilidade e inovação ambiental.

Joana Áurea Cordeiro Barbosa tem graduação em Psicologia pela Universidade Regional do Nordeste (1981), graduação em Formação de Psicólogo pela Universidade Regional do Nordeste (1982) e mestrado em Educação, linha Educação Básica, pela Universidade Federal da Paraíba (2003). Tem doutorado em Ciências da Educação, especialidade, Formação de Professores e Pedagogia Empresarial, pela Universidade de Coimbra – Portugal (2018).

Impressão:
Novembro/2021